大科学家的小故事

华罗庚

彭早霞 编

苏州大学出版社
Soochow University Press

图书在版编目(CIP)数据

华罗庚/彭早霞编．—苏州：苏州大学出版社，2015.2
(大科学家的小故事/王建成，吴文智主编)
ISBN 978-7-5672-1235-0

Ⅰ．①华… Ⅱ．①彭… Ⅲ．①华罗庚(1910～1985)—生平事迹—青少年读物 Ⅳ．①K826.11—49

中国版本图书馆 CIP 数据核字(2015)第 034523 号

华罗庚

大科学家的小故事

编　　者	彭早霞
丛书策划	李寿春
责任编辑	巫　洁
装帧设计	刘　俊
出版发行	苏州大学出版社
地　　址	苏州市十梓街 1 号
邮　　编	215006
电　　话	0512-65225020　65222617(传真)
网　　址	http://www.sudapress.com
印　　刷	南通印刷总厂有限公司
开　　本	850 mm×1 168 mm　1/32　印张 5.75　字数 91 千
版　　次	2015 年 2 月第 1 版　2015 年 2 月第 1 次印刷
书　　号	ISBN 978-7-5672-1235-0
定　　价	14.00 元

序

人类社会进入到二十一世纪，科学技术日新月异。那些在过去常常被人们视作不可能的梦想，今天大多成了现实。网络技术的日益成熟更使人们对科学的无限创造力不再有丝毫的怀疑，更加对那些在科学创新的崎岖道路上不畏艰难、勇于攀登的先人们怀有深深的敬意。试想，如果不是瓦特发明了蒸汽机，我们的交通、我们的工业就不会有今天的发展；如果没有爱迪生发明的电灯，我们的夜晚肯定没有如今的五彩缤纷。

勒格罗博士在法布尔的传记《敬畏生命》一书中指出，每一个时代总是会有那么一些具有特殊才能的人，以他们不朽的贡献在人类进步的过程中留下值得纪念的一笔。特别是那些在某些领域里开拓出新的境界的人，更加值得我们怀念。对于他们这样的人杰，单单只是抱着一种敬仰的态度显然是不够的。如果能够将人们对他们的怀念虔诚地搜集起来，无疑可以对后世起到一种教育和楷模的作用。

这些著名科学家生活在不同的年代，奋斗在不同的科研领域，经历过成功的喜悦，也遭受过失败的痛苦，最终，他们的研究促进了人类社会的进步，赢得了历史的认可。因此,在后人的眼中,他们往往是传奇般的英雄。他们总是废寝忘食地工作在远离人间烟火的实验室里,做事一板一眼,仿佛与风趣幽默沾不上边。

确实,科学是严谨的、深奥的,科学家是寂寞的,和科学家们打交道最多的是实验室以及实验数据。他们背景迥异,性格不同,却无一不具备细致入微的观察力、坚韧不拔的毅力、无比深邃的科学思想、可歌可泣的奉献精神。他们就像神探福尔摩斯一样,在大自然的蛛丝马迹中探寻人类未知的宇宙天地间的奥密。他们发明和发现的道路如同原始森林中的崎岖小径,跌宕起伏,丰富多彩。从书中一个个生动的故事为我们破解了一位位科学巨人成功的奥秘。从这个意义上说,科学家的生活又是迷人的。

华罗庚学习起来非常刻苦和努力,每天他都能够坚持自学十几个小时以上,有的时候,一天只睡四个小时的觉。寒冬腊月天,屋子里寒气逼人,手脚冻得冰冷发僵,连写字的砚台都被冻住了,他就把砚台放在脚炉上,一边磨墨,一边用毛笔蘸着墨汁做习题。

小仲揆(李四光的小名)从小很勤劳,懂得为家庭分担困难。他常常帮着妈妈打柴、舂米、推磨、扫地、提水、放羊、割草等,几乎样样事情都能干。他成了妈妈的好帮手。他用小提桶帮妈妈提水，让水缸里的水总是满满的；他带着扒子上山去搂树叶，让灶堂底下的柴禾总是堆得高高的。

丰富多彩的大学生活开始了，钱伟长也开始了人生中的另一个重要阶段。博学的老师，教育理念的先进和个性化，融洽的师生关系，多彩的大学生活……这一切成了钱伟长一生中的重要财富。

钱学森兴趣广泛，除了主修的理科，还痴迷于许多人文学科。当时的北师大附中开设了许多的选修课：音乐、绘画、文学、诗歌……钱学森带着强烈的求知欲望、浓厚的学习兴趣在师大附中这片充满生机的知识海洋中遨游，为自己未来的科学研究事业和精彩人生奠定了坚实的人生基石。

为了全面掌握气象科学方面的知识，竺可桢攻读了和气象相关的十多门课程。课后，他又到一家又一家的书店里去寻找和气象学、地理学相关的书籍，买回了一大堆书。别的留学生参加各种聚会、运动会、演讲会，竺可桢就一个人在图书馆读书。在哈佛的这一年，时间过得特别快，竺可桢学到的知识也特别丰富，他确定了自己的科学目标。

……

这是一套引人入胜、让读者受益无穷的丛书，在轻

松的故事叙述中阐释深刻的哲理，引导青少年步入科学殿堂。丛书不仅介绍了科学家的人格、所处的社会和时代、思想历程，还阐述了科学家的科学发现与技术发明的基本知识及其意义，引导青少年正确认识科学研究的过程、方法和基本原则。同时，考虑到丛书面向的是青少年读者群，编写者有意跳过了那些深奥难懂的技术细节，在对这些大科学家别样人生的讲述中，注重诠释科学精神，展现大家风采，激励读者登攀科学高峰。

本丛书是科学与人文相融合的结晶，旨在为广大青少年读者的健康成长提供精神食粮，是助益青少年起跑与腾飞的健康加油站。

目录 Contents

9 曲折

10 巨星陨落，硕人溘逝

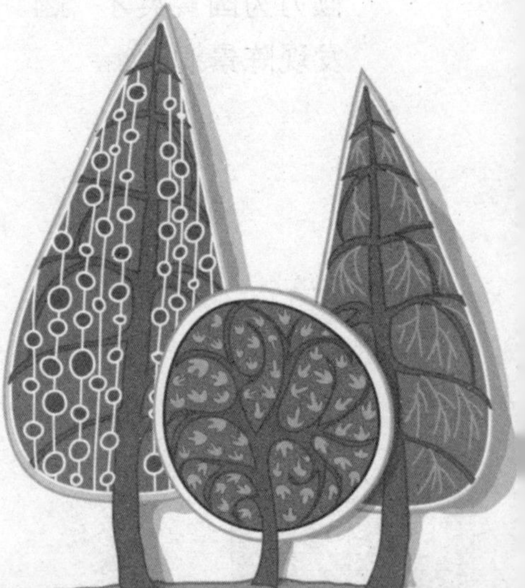

1. 幸福童年

独立思考能力是人之最可贵之处，任何科学上的发明创造，都是由于发明者充分发挥了这种独创精神。

装在箩筐里的孩子

1910年11月12日，华罗庚出生在江苏省金坛县，这里土地肥沃，盛产蚕丝。他的父亲叫华瑞栋，号华祥发，人称华老祥。华老祥十三岁时就开始做学徒，学做生意，人非常聪明，又精明能干。后来，自己筹钱当老板，开了一家规模不小的丝绸店，还“曾任县商会丝业董事多年”。不幸的是，一场大火把他开的店铺烧了个精光，家产也付之一炬。一家人陷入穷苦中。经过一番奔波，华老祥重新振作起来，并在清河桥下开了一间名叫“乾生泰”的小杂货铺。另外，华老祥还在另一个代销店“恒泰丝行”做点事，主要是每年逢春蚕结茧之际，代人收购蚕丝。华老祥这个人非常精明，只要用手摸一下生丝与棉花，就知道它们属于什么等级，值多少钱。“乾生泰”这个店还兼卖一点日用杂货，如棉线、火柴、蜡烛、香、香烟之类的小东西，挣点钱维持一家人的生活，但收入甚为微薄。买东西的人很穷，华罗庚回忆：“来我们家小店买香烟的人很穷，常常每次只买一支烟，还要借用店里的香来点一下火。”包括房产在内，“乾生泰”的资金约500元。

华罗庚的母亲叫巢性清，江苏省武进县孟河镇人，笃信佛教。母亲的身体非常不好，经常生病，婚后十多年还没有生育，直到近40岁才生下一女，叫华莲青。在那个重男轻女的时代，所谓“不孝有三，无后为大”。人生的坎坷，生活的困苦，膝下无子的不如意，使得华老祥变得越来越悲观，也更加迷信。平时没事时，他就在小茶馆里请算命先生来卜卦算命，即使在小店里工作他也很少展露欢颜，这使得华罗庚的母亲和姐姐做起事来总是屏声静气，生怕惹得他不高兴。就这样，华老祥一家人在唉声叹气中艰难地度着日子，狭小的杂货店里终年笼罩着一种愁苦压抑的气氛。

1910年11月12日，背着箩筐的华老祥刚迈进家门，就听到了洪亮、清脆的啼哭声，他顿时觉得周身的热血沸腾起来了，三步并作两步地走到妻子的床前。原来，妻子在他40岁时，在他已经觉得生子无望的情况下给他生了个儿子。说来也巧，这一天正好是孙中山的生日。若按农历算，就是庚戌年10月11日，又恰是秋瑾的生日。华老祥老来得子，非常高兴，这时，笑容满面的接生婆也走过来向他贺喜，并提醒他给孩子起个名字。四十得子的华老祥，其实早早地已经想好了儿子的名字，听到接生婆这样一讲，便胸有成竹地拿来一个大大的箩筐，把儿子轻轻地往箩筐里一放，接着又拿了另一个箩筐扣在上面，说："放进箩筐避邪，同根百岁，就叫箩根吧。"原来华老祥十分担心他的独生子养不大，从别人那里听说，放进箩筐可以生根，容易养活。"箩"字去掉"竹"字头是"罗"，"根"与"庚"同音，那年又是庚戌年，就用了"庚"字。这就是华罗庚名字的来历，这也包含了他父亲对他的美好祝愿和殷切期望。小时候，家里人与乡里人还亲热地称华罗庚为"罗罗"。

不肯盲从的“罗呆子”

华罗庚的诞生，给全家带来了欢乐和希望。华老祥更是视儿子为命根，希望儿子能够健健康康、平平安安地长大，好帮助他挑起家庭的重担。但是，越是怕什么，就越是来什么。华老祥害怕儿子遭遇凶险，但偏偏有一次他们险些失去这个宝贝，以至于很久以后，全家人一提起这件事还后怕不已。

事情是这样的，在华罗庚三岁时曾遇到过一次危险。一天，他的妈妈抱着他坐一辆人力推车回丹阳老家。这天天气特别恶劣，大雪纷飞，道路泥泞不堪。推车人因为天气比较冷，就多喝了几杯酒取暖，没想到途经一座桥，推车人不小心把车弄翻了，他们母子二人全都掉进了河里。推车人大概是吓呆了，居然站在岸上一动不动。此时，可怜的妈妈一边在冰冷的水中使尽全身力气把孩子托出水面，一边挣扎呼喊着：“救命啊——，救救孩子！”正在母亲声嘶力竭地呼喊时，忽然感觉好像有人在背后推了她一把，原来是一个浪头向她涌来，将他们二人打到了岸边，母子二人这才幸免于难。这次遇险，华罗庚虽然受了些惊吓，但是上岸后，经过一番精心调养，没过多少日子，他很快又活泼起来，依然又蹦又跳。倒是母亲因为这件事情大病了一场。

华罗庚小时候说活不清，行动不灵活，但非常顽皮，经常围着父亲的小杂货店的柜台跳上跳下。有一次，他妈妈跟人玩纸牌，玩得高兴时，就顾不上陪华罗庚玩了。华罗庚就非常不高兴，跑去阻止他的妈妈出牌。阻止不住时，索性爬到桌子上对着大家撒泡尿，把纸牌冲走了。他这样顽皮和胡闹，父亲对他还是相当溺爱，也不怎么管他，可见其在家受宠爱的程度。

小时候的华罗庚非常喜欢热闹，但凡有灯节、船会，他是场场必到的，每逢这时，他便废寝忘食。有时候，玩累了，他就躺在野地里或菜地里睡觉，急得家人到处找他，逢人就问他的下落。乡里人总是这样回答华家的人："放心吧！你家的罗罗丢不了，会回来的。"华罗庚还特别喜欢看戏，有时甚至跟着戏班子跑到外地去，接着再看演出。乡里人因此给他取了一个绰号——"罗呆子"，而且常常彼此在背后议论道："华老祥家的'罗呆子'长大了不会有出息的。"

其实华罗庚是个很爱动脑子的孩子。对于一些别人觉得常见的事，他往往表现出浓厚的兴趣，并提出一些非常奇怪的问题。有一次，他同别人一块去城郊玩，见到一座荒坟旁有许多石人、石马，就问比他大的同伴："这些石人、石马有多重？"同伴回答说："这怎么能知道呢？"华罗庚却不甘心，沉思了一会儿后，说："以后总会有方法知道的。"

金坛县城东青龙山有个庙，每年赶庙会的时候，"菩萨"便骑着高头大马，头上插着羽毛，从青龙山进城来。一路上的老百姓见着"菩萨"，低头便拜，问神问卜，求医求子。华罗庚十岁时，"菩萨"又进城了，老百姓马上都下拜磕头，祈求"菩萨"救苦救难，华罗庚也夹在人群之中看热闹。

"'菩萨'真是万能的吗？"华罗庚好奇地想着。庙会散了，看热闹的老百姓回家了，华老祥和老伴却不见儿子回家，又急得到处去找，找来找去仍不见踪迹。直到傍晚时分，华罗庚才兴高采烈地回到家里，一进门就大声地对妈妈说："妈，你往后不要给'菩萨'磕头了，'菩萨'是骗人的！"原来，华罗庚见到那么多人求"菩萨"保佑，心想："菩萨"真有那么神通吗？于是，他便不顾七八里的路程，跟着庙会里的"菩萨"一直走到青龙山庙里，他想打破沙锅问到底，看个究竟！这时，"菩萨"卸装了，原来那些"菩萨"都是人装扮的。华罗庚发现"神"是人装扮的，可高兴了，他终于解开了心中的疑团，将事情弄得水落石出。

华罗庚所在的小学叫金坛仁劬小学，但毕业后他并没有拿到毕业证书，因贪玩学习成绩不好，最后他只拿到了一张修业证书。1922 年，华老祥将华罗庚送进了刚成立不久的金坛县立初级中学读书。华罗庚在初中时的第一个数学老师叫李月波。李月波书教得非常好，但刚开始他并不欣赏华罗庚的数学才能，每次考试他只给华罗庚六十几分，甚至于在期末考试时，华罗庚的数学还补考过一次。后来，华罗庚在回忆初一时的数学成绩时说："并不是我曾冒犯了我的老师，从而老师故意不给我及格，而是小时候太贪玩了，未好好学习，再加上试卷写得很潦草，所以这是怪不得老师的。"有了这次失败的教训后，从初二开始，华罗庚开始知道用功了，学习成绩迅速提升，以至于遇到考试题目较容易时，李月波老师就悄悄地对华罗庚说："今天题目太容易，你上街去玩吧！"

华罗庚对他的启蒙老师李月波一直心存感激，有一次他在信上写道："月波老师是一位难得的好教师，是他引导和培养了我对数学的兴趣，是他为我在初中三年打好了数学基础，使我以后得以自学数学，并将数学作为我一生为之追求和奋斗的目标，我很感谢他。"

除数学外，华罗庚还十分喜欢学习国文，而且经常会有一些别出心裁的想法和认识。据说，有一次国文老师把一本胡适的诗集《尝试集》给华罗庚看，并要他写一篇读后感。华罗庚在看了《尝试集》的“序诗”之后，就放下不再往下看了。原来，“序诗”这样写道：“尝试成功自古无，放翁这话未必是。我今为下一转语，自古成功在尝试。”“五四”运动时期，胡适先生认为打破旧思想的束缚，必须反对文言文，提倡用白话文进行创作，这本诗集就是他写作白话诗的第一次尝试。华罗庚读后，马上就看出胡适“序诗”里提到的“尝试”是两个完全不同的概念，出现了概念混淆的错误。第一句的“尝试”是初次尝试，当然“一试成功”自古以来是没有的；第四句的“尝试”则是试了又试才能成功的意思。这两个不同的概念单独列出是有道理的，但放在一起，胡适拿后一个概念的意思否定前面的意思，这是说不通的，所以，华罗庚在读书心得中写下了以下几个字：“胡适‘序诗’逻辑混乱，不堪卒读。”这位国文老师本来思想比较守旧，一看华罗庚小小年纪，居然敢胆大妄为地批评起当时大名鼎鼎的胡适先生来，心里非常不高兴，于是他在华罗庚的读书心得上批了“懒人懒语”四个大字。

又据说有一次，他的国文老师出了一个作文题目：“周公诛管蔡论”。据史书记载，周王朝的皇帝周武王去世后，他的儿子周成王继位，由于成王年幼，由周公旦摄政。管叔、蔡叔不服，发动了叛乱，后来被周公平定了。按照维护封建帝制的传统观念，周公的行为是极其正确的，应该大受歌颂。但华罗庚反其道而行之，认为可能周公自己想造反，被管、蔡看出了他的狼子野心，所以周公才杀人灭口，既然是借维护周王室的统治的名义诛杀了管、蔡，周公自己就不能再谋反了。华罗庚这样写，自然又受到国文老师的批评和责骂了。

从这些我们就可以看出，华罗庚在少年时代就不肯盲从，不迷信权威，他的勇气、智慧绝非是偶然获得的，而是不断钻研、勤奋思考的结果。

2. 自学成才的贫困少年

自学，就是一种独立学习、独立思考的能力。行路，还是要靠行路人自己。

幸遇伯乐王维克

初中时期的华罗庚经常“我行我素”，行为怪癖，不被常人理解和赏识。但幸运的是，他遇到了人生中的第一个伯乐——金坛中学的王维克。王维克是第一个发现华罗庚具有过人的数学才能的人。

王维克多才多艺，早年留学过法国，是居里夫人的一名学生。他兴趣广泛，学习过数理、法语和天文，意大利著名诗人但丁的《神曲》就是王维克翻译引进中国的。王维克虽然不是直接给华罗庚授课的老师，但他批改过华罗庚的数学作业本。他发现一个奇怪的现象，华罗庚的作业本写得非常不工整，经常是涂涂改改，弄得作业本很不整洁。开始，他还以为华罗庚是一个不用功的孩子，后来，经过仔细研究他惊奇地发现，原来每一次涂改后的解题方法比前一次更简化，思路也更清晰。从此，王维克认为华罗庚不仅是一个肯思考的学生，而且还是一个有新意的学生，以后便处处留心起他来。

有一天，金坛中学的几位老师聚集在一起谈论班里的学生时，谈到了华罗庚。有个老师说：“你看，华罗庚写的几个字像蟹爬一样，以后肯定不会有什么出息的！”王维克说：“华罗庚的字确实写得不好，将来成为书法家的可能性很小，但是，他在数学方面天赋很好，很有培养前途。”有位老师很惊奇，问王维克：“你从哪儿看出来他有数学天赋的？我怎么没看出来呢？”王维克说：“起初，我也跟大家的观察一样，发现他的字写得歪歪扭扭，很潦草。数学作业本写得很不整洁，常常乱涂乱改；后来，我经过仔细研究发现，许多涂改的地方体现出他探索解题时的多种思路。”讲到这儿，正好下课铃声响了，只看见一群群学生从教室蜂拥而出。

“各位请看，”王维克指着正在操场上玩耍的学生说，“在这一大群学生之中，有喜欢写字的、画画的、雕刻的、演说的、做玩具的、做数学难题的、下棋的，或者是默默沉思的，他们都是各式各样的天才。只要我们做老师的好好地启发他们，引导他们，他们所喜欢的，尽力让他们去做，锲而不舍，行之十年、二十年、三十年，他们哪有不成为名家之理呢？”

王维克不仅独具慧眼地发现了华罗庚的数学才能，而且尽心尽力地栽培他。从此之后，华罗庚就成了王维克家的常客。在王维克的帮助和指导下，华罗庚钻研数学的兴趣越来越浓厚，其数学成绩更是突飞猛进，获得了极大提升，课堂上讲授的内容已经远远不能满足他的需求了，在课余时间里，华罗庚更是抓紧一切时间如饥似渴地向更高深的数学领域进军。

有一次,王维克借给华罗庚一本微积分的教科书,让他回家好好研究研究,没想到,华罗庚借去看了十天就将书还回去了。

王维克老师十分担心华罗庚看书不认真,于是,不动声色地说道:“数学这门功课是最有步骤的,你不可跳着看啊,我提几个问题问问你。”面对老师的提问,华罗庚不仅对答如流,甚至还把书中出现的印刷错误都指正出来了。王维克听了,这才放下心来。

一天,放学后,华罗庚兴冲冲地找到王维克,交给他一篇论文,题目是《福尔玛最后定理之证明》。华罗庚说:“我已经寄给各个大学请批评,亦请王先生批评!”本来,华罗庚以为王老师看到他的论文后,会对他大加赞扬,没想到王维克却严肃地看着他说:“你演算的这道福尔玛最后定理,是十七世纪以来许多大数学家绞尽脑汁至今还没有解决的问题。要是你能如此简单地证明之,岂非奇迹!而且,你的证明所依据的公理似是而非,所以不能成立!”听完王老师的教导,华罗庚终于认识到了自己的错误,承认自己犯了急功近利的毛病。

接着,王维克又说:“数学的门类很多,你最好选择其中的一两种而专攻之。但要谨记不要急于求成,也不要灰心,要有坚韧不拔的精神,用你的智慧和汗水去攻克数学界那一道道难解的题目。”

通过这次与华罗庚的长谈,王维克发觉他广泛涉猎了数学界的各个领域,且取得了不错的成绩,于是,就劝他专门研究数论。自此之后,华罗庚便与数论结下了不解之缘。

可惜王维克在金坛中学只教了一年书,即华罗庚念初三的那一年。以后王维克便去法国留学了。但王维克对华罗庚的影响一直没有消失,特别是在华罗庚辍学之后。

准确神速的小算盘

1925 年，华罗庚以全班第二名的成绩从金坛中学初中毕业了。以后的路该怎么走？华罗庚早就有自己的打算，他准备继续念高中，但无奈家里太穷，华老祥根本供不起他到省城里继续念高中。难道就这样放弃学业？一个偶然的机会，华家有个亲戚告诉华老祥，说上海有一所黄炎培与江问渔创办的“中华职业学校”。黄炎培与江问渔都是当年极力提倡职业教育救国的名教育家，他们认为中国之所以备受列强的欺凌，就是因为科学技术落后，工业不发达，于是他们提倡创办职业补习学校，以招收清寒子弟，授予职业训练，培育科技人才。当时登报招收青年学生，只要初中毕业，即可报考，甚至可以全部免交学费。

其实华老祥也不忍心看到成绩这么优秀的儿子就这样放弃学业，有了这样的机会，何不让华罗庚进中华职业学校去学习？一则职业学校收费较少，二则在职业学校可以学到一技之长，将来也有个谋生之道。华老祥决定让华罗庚进这所学校。经过考试，华罗庚进了这所学校，学习商科。

在中华职业学校学习数学时，华罗庚一直采用他解题时所特创的解题法——“直接法”。“直接法”与课本上的解题法很不一样，简单说来，就是尽量用简单初等的数学工具及单刀直入的方法来处理数学中的一些重要问题。“直接法”最显著的特色就是要不断地对已取得的结果进行删繁就简的论证。“直接法”后来被国内外学者大加赞赏，但是，在当时的数学老师那里，华罗庚并没有获得赏识。这位数学老师思想比较守旧，对超出教材之外的解题方法并不赞同。有一次，他教学生做某种类型的数学习题时，用了教材上教的普遍适用的方法，但华罗庚做题时用了最简洁的方法，引起了这位老师的不满。老师在发习题本时，先发他觉得做得好的学生的习题本，再发他认为只犯了某些错误的学生的习题本，最后才发华罗庚的习题本，还狠狠地说：“你是怎么做的，最后答数倒凑对了！”华罗庚不服气，坚持认为自己是对的，还理直气壮地走上讲台，将他的方法详细地讲述出来，既简单又清楚，老师与同学们听后都佩服得不得了。

在上海期间，还有一件令华罗庚觉得特别自豪的事，那就是他曾经获得过上海市珠算比赛第一名，也可以说华罗庚是中国的第一届数学竞赛冠军。参加这次比赛的人，大多数都是银行职员与钱庄伙计，他们有着丰富的珠算经验，每天都在打算盘。而华罗庚虽然在家里的杂货铺打过算盘，但与这些高手比，根本就不在同一水平上。怎么办呢？不能力胜，只能智取！他对传统的打算盘方法进行了改进，再加上他擅长的心算，最终技压群芳，获得了比赛的第一名。

华罗庚在中华职业学校学习期间，父亲杂货店里的生意越来越不好，家里的经济状况日益窘迫。虽然学校免了学费，但杂费、食宿费还需 50 元一个学期，家里实在是穷得连这 50 元钱都拿不出来。最后，他只好放弃还差一学期就毕业的机会，毕业文凭也没拿到，辍学回金坛，帮助父亲经营“乾生泰”小店。

辍学在家

华罗庚辍学之后，父亲让他管理杂货铺。后来，华罗庚回忆起这段经历时说：“那正是我应当受教育的年月，但一个‘穷’字，剥夺掉我的梦想，在西北风口上，擦着清水鼻涕，一双草鞋一支烟，一把灯草一根针地为了活命而挣扎。”

穷困的生活并没有磨灭掉华罗庚对数学那份强烈的热爱，于是，他选择了自学。但由于资料有限，他手上只有一本《大代数》、一本《解析几何》及一本五十页的《微积分》，金坛这个小县城又没有图书馆，想借到一本高等数学方面的书，非常困难。俗话说，世上无难事，只怕有心人，为了克服资料不足的困难，华罗庚把仅有的一点零用钱积攒起来，购买了《学艺》与《科学》两本杂志来阅读。

华罗庚学习起来非常刻苦和努力，每天他都能够坚持自学十几个小时以上，有的时候，一天只睡四个小时的觉。寒冬腊月天，屋子里寒气逼人，手脚冻得冰冷发僵，连写字的砚台都被冻住了，他就把砚台放在脚炉上，一边磨墨，一边用毛笔蘸着墨汁做习题。炎炎酷暑日，屋子里热得如蒸笼，他依旧挥汗如雨地读书演算。遇到难题时，他吃饭也想，走路也想，饭也顾不得吃，觉也睡不好，有时候刚要进入梦乡时，脑子突然闪现了解题的方法，他便连忙爬起来，又是算又是写，甚至彻夜不眠。后来，邻居们回忆说，每天天还没有亮，华罗庚已经点着油灯在看书了，还说："罗庚经常坐在他那间屋里的方桌旁，目不斜视地阅读书籍，手上还秉笔涂写。河内船只往来嘈杂之声，罗庚充耳不闻。"

在自学的过程中，华罗庚经常会遇到各种困难，但他总是不停地鼓励自己："在人的一生中，进学校读书，有老师指导当然很好，但是时间总是有限的；而不在学校里读书，自学的时间却是经常的。有书可以查阅，能查到自己需要的东西不是经常的；需要经过自己加工，或是灵活运用书本上的知识，甚至创造出书本上没有的知识，这倒是比较经常的。成功不是经常的，失败倒是经常的……现在，因为'穷'，我被迫离开学校，离开了老师和同学，完全凭自己摸索着学知识，我就必须付出比别人多得多的代价，血和汗的代价，才能学会驾驭知识的本领。"

在学习的过程中，华罗庚有时也会犯急躁冒进的毛病，有时候，他认为自己已经学懂了，可是一旦用起来，却发现原来并没有全部弄懂。每到这个时候，他就非常灰心，想到自已花了那么多的时间，却没有获得多少进步，想放弃的念头也会油然而生。但不服输的个性最终占据上风。在经历了无数次的失败和痛苦后，华罗庚终于认识到学习必须循序渐进，持之以恒。他说，学习就像是爬梯子，只能一步一步地往上爬，要想一步登天，是会摔跟头的。渐渐地，他在失败中总结经验："要学到真本领，就要花力气，绞脑汁，付出劳动的代价。"克服了急躁的情绪后，华罗庚更是将自己的全部身心投入到学习中，"独立思考，锲而不舍"成了他的座右铭。正是在这艰难困苦中，华罗庚锻炼了自己的意志，培养了勤动脑的好习惯。对于华罗庚来说，困难愈多，其迎难而上的决心也愈坚决。1985 年 2 月 2 日，华罗庚去黄河游览区参观后题词："人说不到黄河心不死，我说到了黄河志更高。"这正是他克服困难，不断攀登科学高峰，向着更高境界迈进的真实写照。

就这样，华罗庚将自己所有的精力都倾注于学习中，甚至到了"走火入魔"的境地，而管理杂货铺的工作就表现得非常"不称职"，有时甚至都忘记接待顾客。有一天，一个顾客走进店里，问站在柜台旁边的华罗庚："多少钱一支线？"这时，全神贯注于数学中的华罗庚，头也不抬，手还在不停地演算着，把刚刚写出来的演算的结果脱口而出："8537292。"

那位顾客十分诧异:“一支棉线怎么值这么多钱?”这话刚好被走进店里的华老祥听见了,赶紧过来招呼客人,但客人以为华罗庚戏弄他,一气之下,扭身就走出了店铺。华老祥真是又气又急,大骂华罗庚念书念“呆”了。

每逢遇到怠慢顾客的事情发生,华罗庚的母亲总是苦口婆心地劝他:“罗罗呀!我们是穿木裙子(指柜台)的命,不是书香门第的斯文人,你还是省些灯油,顾顾吃饭的事吧!”

华老祥可没有这样的好脾气,经常与华罗庚发生激烈的抢夺和口角。有时,他气极了,干脆把华罗庚演算的一大堆草稿纸拿来就撕,撕完了就扔到街上。有时,华老祥甚至把华罗庚的草稿纸往火炉里扔。每逢遇到这种时候,华罗庚总是拼命地抱住他视之如命的草稿纸,不让他的父亲抢走。有时候抢不过父亲,他痛苦万分,甚至有一次还昏倒休克过去。在华罗庚功成名就后,西方有一本数学杂志上曾刊登过一幅漫画:华罗庚抱着几本破书,被拿着烧火棍的父亲追得满屋子团团转——父亲威胁儿子,要把他的数学书扔进火炉里。

华罗庚的兴趣,几乎没人能理解,大家都觉得他很“呆”。“好心”的邻居甚至对华老祥说:“你们家罗罗,脑子是不是有毛病呀?”还劝华老祥给“精神恍惚”的儿子看看病。

但有一件事情改变了华罗庚在父亲心目中的形象，从这件事情之后，父亲也打消了烧书的念头。事情是这样的，有一年，“乾生泰”替别人收购蚕丝，华罗庚跟随父亲忙里忙外，准备趁这次机会赚点生活费。到了晚上，管账的人清理一天的账本时，突然发现账里少了1000多元，如果真是不见了这1000多块，不但店铺明天开不了张，就是把整个“乾生泰”赔掉也赔不起！看着父亲愁眉不展的样子，华罗庚说：“我来算算吧！”华老祥知道儿子平时在店里算过账，但那些都是小数目，根本不能跟今天的账目相比，所以他根本不相信儿子能算好。但实在没有办法，华老祥也只好把账本交给华罗庚。一阵噼里啪啦之后，结果算出来了，华罗庚说：“账是对的，一文不差。”管账的人经过仔细核对后，发现果然是分毫不差。这时，大家才终于承认了华罗庚的数学才华。华老祥对儿子更是刮目相看，原来儿子并不是“呆子”，而是本领了得，想起自己那么顽固，反对儿子念书，还要烧掉他的书，就觉得非常后悔。从此以后，华老祥再也不提烧书的事了。

劫难 1

1927 年，华罗庚与金坛吴筱元女士结婚。吴筱元跟华莲青是同学，毕业于金坛成中女子小学。吴筱元的父亲在清朝末年，以军功出身，官至提督湖北军务，但在吴筱元 5 岁时不幸去世，所以在吴筱元结婚时，她的家境比华罗庚家更贫穷。婚后，他们夫妻的感情非常融洽。华罗庚曾对朋友谈起过自己的婚姻：“我与筱元是‘门当户对’。我的体会是华、吴两家，俱为家境清寒、贫穷人家，所谓‘门当户对’是指这方面。”“你只知其一，不知其二。”他愉快地说，“我是初中毕业，筱元是小学毕业，是不是可说门当户对？”其妙语双关，令人感佩。

正当华罗庚孜孜不倦地坚持自学时，他的恩师王维克从法国留学归来，回到了金坛，还担任了金坛初中校长之职。华罗庚见自己的老师回国后，非常高兴，主动到老师家拜访，向他报告了自己的学习情况，包括自己由于生活贫困不得不退学，退学后自己坚持自修，已经学完了高等数学和方程式论。听完华罗庚的经历后，王维克安慰他说：“不要灰心，有机会的时候我可以介绍你做数学教员，这样做，你可以收到教学相长之益。”

后来，王维克果然聘请了华罗庚到学校里工作，但刚开始只让他做做后勤工作，还兼任会计一职，并没有让他直接参与教学。过了没多久，学校要办一个补习班，王维克准备让华罗庚当这个补习班的数学教员。没想到，当补习班的教员名单送给县教育局审批时，教育局以华罗庚只有初中文凭为由，认为他没有资格当教员。

王维克听说这件事后，非常恼火，亲自跑到教育局找局长申辩：“华罗庚尽管没有念大学，而他的实际水平比大学毕业生还高，为什么不能不拘一格取人才呢？”还说：“华罗庚是个难得的人才，他对数学很有研究，他有论文发表在《科学》杂志上！”虽然局长极力反对华罗庚当教员，但在王维克的努力和坚持下，华罗庚最终还是当上了金坛中学的数学教员。

正当全家人都在为华罗庚得到这份工作感到高兴之时，谁也没有想到巨大的灾难突然降临到华罗庚的身上，差一点就夺走了他的生命。1927 年，金坛县不幸发生了流行性瘟疫，大概是伤寒症。一天，华罗庚刚从学校回来，就病倒在床上，发烧到 42 度。接下来，他就开始说胡话，昏迷不醒。全家人乱成一团,到处去请医生,金坛又没有好医生,就跑到附近的苏州去请,每请一次医生就得花四块大洋。为了救他,家里凡是能当的东西都当掉了,但一天天过去了,华罗庚躺在床上,依然是昏昏沉沉,丝毫不见好转。在华罗庚生病的一年前,他的母亲由于染病,已经病逝。华老祥看着老伴去世,儿子又昏迷不醒,到处去求神问卜,但算来算去,都是一个"死"字,这样的结果让全家都陷入绝望的叹息中。

更令人绝望的是,医生也给华家下了病危通知书。医生说:"不用下药了,他想吃什么,就给他吃点什么吧!""不,我要救他——哪怕有一线希望!"吴筱元不服输地说。说到做到,吴筱元将刚出生没多久的尚在吃奶的女儿送给母亲照料,自己昼夜不停地守候在丈夫床边,为丈夫端茶倒水,煎汤熬药,喂药喂饭……

在吴筱元的精心照顾下,华罗庚的病情居然有了好转,整整躺了半年之后;他的身体慢慢开始恢复,最后基本痊愈。战胜了死神的威胁,华罗庚还没来得及庆祝自己的康复,就发现自己的左腿走起路来没有以前那么灵活了,这场大病竟然使他变成了残疾。原来是伤寒病菌侵袭了他的关节,使他的关节粘在一起,变形,弯曲了。实际上,他的腿是可以不坏的。大家都知道，如果生病睡在床上睡久了，不翻身就会发生肌肉组织坏死，所以不管痛与不痛，都要翻几个身。那时候，华老祥家既请不起医生，也没有人告诉他们这个常识。年纪轻轻的华罗庚竟然成了瘸子，全家人都悲痛不已！

本来生活就拮据的一家，经华罗庚这么一病，更是窘迫不堪了。幸亏王维克还时时给予他们帮助，在华罗庚生病期间，帮助他代课，薪水照样送给他，给华家解了燃眉之急。病好后，王维克还允许华罗庚继续做他原来的工作，让他在初一补习班教了一个月数学。但好景不长，华罗庚当一个小小的补习教员，居然还遭到别人的妒忌！王维克得罪了当地的一些士绅，于是他们联名到县教育局告了王维克一状，其中有一条便是“任用不合格的教员华罗庚”。幸好教育局长颇明事理，批回：“学生焉得为私人，受控各节，大致类此，不准。”王维克本来是留学回国的，做一个中学校长已经有些屈才，听了这些诬告后，更觉受辱。一气之下，他愤然辞职离开了金坛，到湖南大学教书去了。本来华罗庚也得跟着“卷铺盖”走路，幸好继任校长是金坛中学的老校长韩大受，他对华罗庚非常熟悉，对他的才华比较了解，也很器重他，便对华罗庚说：“旁人上任都要带会计来，我不带，就让你干，不过书是万万不能教了，前任校长就是因为你任课而被告了一状的。”这样，华罗庚才得以继续当会计。

虽然生活充满艰辛，但不管怎么样，华罗庚总算有了稳定的工作，生活上有了着落。业余时间华罗庚继续钻研起数学来。

3. 蹒跚迈入清华园

人家受的教育比我多，我必须用加倍的时间以补救我的缺失，所以人家每天做 8 小时的工作，我要工作 12 小时以上才觉得安心。

锋芒初露

残疾之后，华罗庚丝毫不气馁，乐观的态度使他对发生在自己身上的灾难笑而置之，他经常拿自己开玩笑，笑自己走路的方式是“圆和切线的运动”。有一次，他去朋友家拜访，刚一踏进家门，就高声大喊：“班船来了。”原来金坛人称送信送货之小船为班船。船小，载的东西又多，用橹一摇，船不停地左右晃动，摇摆不定，所以华罗庚自称“班船来了”。

华罗庚用开朗、乐观的态度对抗着人生的坎坷，以坚韧不拔、顽强拼搏的精神遨游于数学王国，享受着数学带来的无穷乐趣。终于，功夫不负有心人，华罗庚获得了长久以来期待的承认和肯定。这事得从他在《科学》杂志发表论文说起。

早在生病之前，华罗庚在《学艺》杂志上看到了苏家驹教授写的一篇文章，题目是《代数的五次方程式之解法》。读后，他认为这篇文章里的解法不对，于是，他写了一篇文章详细地列出了苏家驹文章的错误之处，并将其投给了《科学》杂志。随后，华罗庚一病不起，他也没心思过问这篇文章的发表情况。突然，有一天，他接到邮差送来的一封信，打开一看，原来是从上海寄来的刚刚出版的《科学》杂志。华罗庚简直不敢相信自己的眼睛，杂志上赫然刊印着《苏家驹之代数的五次方程式解法不能成立之理由》，作者是“华罗庚”。突然降临的喜悦让华罗庚激动得流下了热泪——自己的成果终于得到了数学界的认可。

苏家驹是当时知名的教授，他说：“代数的普通五次方程式，为近世数学界认为不能解之的问题……然余终不信其绝对不能解，数年以来，潜思摸索，似得一可解之法。”这篇文章发表之后，颇引起震惊，但也有水平高的人看出有破绽，其中之一便是熊庆来。

熊庆来是我国著名的数学家，从 1921 年到 1937 年，他先后在南京东南大学、北京清华大学和昆明云南大学三个大学创办了数学系，此时，他正在清华大学任数学系主任。《科学》杂志正是熊庆来与几位科学家合伙创办的杂志。反复阅读过华罗庚的论文后，熊庆来对他逻辑严密的论证赞赏不已，而更令熊庆来佩服和赏识的是，华罗庚不仅专业水平高，其严谨治学的工作作风、虚怀若谷的谦虚态度更令人敬佩。其实，苏家驹的这篇论文早在 1816 年已经经由挪威数学家阿贝尔证明是不可解的，如果从阿贝尔理论出发，直接就可以得知苏家驹的论证是错误的。但是，华罗庚并没有这样做，他缜密地检查、严密地论证后，才确定苏文的错误。在文章的“序言”里，华罗庚对自己的论证过程作了详细的介绍，大意是这样的：五次方程经阿贝尔证明后，一般学者都认为不可以用代数来解答。但看过《代数的五次方程式之解法》后，我欣喜异常，仿照他的论证，我得出了“代数的六次方程式之解法”，如果这个论证真能成立，则在数学的发展中应能占一席之地。问题在于，如果不能推翻阿贝尔的理论，我的结论也不能成立。所以，我用了一个多月的时间反复推敲论证阿贝尔定理，最后发现它条例精严，无懈可击。随后，经过其他老师的指点，才开始论证苏老师的解法是否正确，并得出不能成立的理由，这才公示于众，敬请大家批评指正。

这是一篇在数学界影响深远的论文，更重要的是，通过此篇文章，华罗庚的人生进入到另外一个世界，他这颗闪耀的巨星，在中华大地上冉冉升起，并将放射出无限璀璨的光芒。

对于华罗庚来说，通过这篇文章，他结识了熊庆来。在文章发表后的第二年，即1931年，他被熊庆来调到清华大学数学系任助理员，从此踏上了一条通往大数学家的征途。

熊庆来慧眼识英才

初建于1911年的“清华学校”是一所留美预备学校，经清华学校途径去美国留学的大概有1200多人，这时候的学校谈不上有多高的学术水准。1928年“清华学校”改名为“清华大学”，并聘请留学返国的名家为教授，这使清华大学的实力大增，其学术水准获得了突飞猛进的发展，在20世纪30年代，清华俨然成了中国自然科学方面的最高学府。

1920年，郑之蕃进入清华任教，他是算学系的创办人之一。郑之蕃爱国情深，勤于教学育人，且求贤若渴。1926年，他极力邀请熊庆来到清华大学任教授。1928年，他将系主任职务交给熊庆来担任，并大力支持熊庆来发展算学系。熊庆来任清华大学算学系主任后，大力招揽和培养人才，发展研究工作，优秀数学家杨武之、曾远荣、胡坤升、赵访熊先后受聘来校执教。到1930年，算学系共有七个人：熊庆来主任，郑桐荪、杨武之、孙光远教授，周鸿经、唐培经教员，陈省身助教。陈省身原考取了清华大学研究生，因算学系只有他一个研究生，所以延缓一年入学，改聘为助教。那时，清华大学分助教、教员、讲师、副教授与教授五级。

华罗庚的论文发表后，算学系的教授们纷纷传阅这篇文章，一致认为华罗庚具有卓越的数学才华。这时，却出现了一个难题：华罗庚是何许人？没有任何人认识或听说过他，只知道他经常向《科学》杂志投稿。大家纷纷猜测：从这篇论文的写作水平来看，他肯定是位留学生，或者是在哪个大学里教书。

猜测归猜测，要想真正打听到华罗庚的详细资料是非常困难的，熊庆来亲自查遍了清华的"归国学生联合会"会员名单，始终找不到"华罗庚"这个名字。经过多方打听，得知算学系有一位名叫唐培经的教员是华罗庚的同乡，也来自江苏金坛。熊庆来这才松了一口气，终于找到了一个了解华罗庚身世的人。唐培经告诉所有的人，华罗庚并不在大学教书，他只有初中文凭，听说现在在金坛中学当会计，兼干一些杂务。

当熊庆来、杨武之等得知华罗庚只是一个初中毕业生后，惊奇万分，想见其人的想法油然而生，熊庆来更是激动地说："这个年轻人真是不简单啊！"经过一番研究后，系里的七位先生都赞成把华罗庚调来清华工作。于是熊庆来到处奔走，四方游说，极力推荐，最后在当时的理学院院长叶企孙的同意下，聘请华罗庚来清华工作。然后，熊庆来找到唐培经，说："假期你回家看望一下华罗庚，你告诉他，如果他愿意的话，请他到清华来工作。"

1932 年暑假，唐培经回到金坛，向华罗庚转达了熊庆来的邀请，华罗庚听后激动得留下了热泪。熊庆来这个大名，华罗庚早就耳熟，没想到如今自己居然收到他的邀请函！进入清华园这样人才济济的最高学府学习和工作，是华罗庚想都不敢想的事情！可是，由于华罗庚大病初愈，家里的钱都花光了，这时连从金坛到北京的路费都凑不齐。

熊庆来看到华罗庚迟迟没来，非常着急，请唐培经又发了一封电报给华罗庚。终于，华罗庚凑足了路费，整理好行李，告别了亲人，踏上了去北京的列车。到达北京后，熊庆来教授专门派唐培经去火车站接华罗庚。唐培经挤在火车站的出口处，看着熙熙攘攘的旅客，却始终找不到华罗庚，直到最后才看见一个跛足青年，背着简单的行李，慢慢地走了出来。仔细一看，唐培经喜出望外，这正是自己要接的人。

到达清华后，熊庆来立即热情地接待了他。虽然华罗庚身体瘦弱，面黄肌瘦，还患有严重的腿疾，但与熊教授交流起来，才思敏捷，对答如流。熊庆来心中非常高兴，默念道："一匹千里马。"熊庆来后来说道："华罗庚他日将为异军突起之科学明星！”

熊庆来把华罗庚接到清华园后，第一个难题来了：给华罗庚安排什么工作呢？熊庆来本来打算让他当一名助教，这对华罗庚接受进一步的培养与深造是很好的。但这根本做不到。以华罗庚仅有的初中文凭，在金坛县中做一个初一补习班数学教员，尚且困难，何况在全国最高学府当助教！因为要在清华当助教，最少要有大学毕业的资格。就算在学校当助理员也有困难，这起码要高中毕业。经过深思熟虑，熊庆来给他在数学系里安排了当助理员的工作，主要负责整理图书资料、收发文件、代领文具、绘制图表、通知开会等杂务。工作很轻松，在工作之余，还可以去听课与自学，以提高自己。

就这样，华罗庚兢兢业业地干着助理员的工作，每月的工资是40元，只相当于助教的一半薪金。其实华罗庚当时的职务只相当于变相的工友或略高于工友，但他非常珍惜这次工作机会，还经常拿自己的这份工作跟朋友开玩笑。他的朋友徐贤修曾回忆他在1931年初次见到华罗庚时的情景。徐贤修问：“你是不是这里的教授？”华罗庚答：“不是。”又问：“是不是学生或研究生？”答：“不是。”再问：“是不是管系务的先生呢？”答：“也不是。”华罗庚风趣地说：“我是这里的

‘半时助理’。”他解释说：“大学毕业的当助教，高中毕业的当助理，我只是初中毕业，所以当个‘半时助理’。”

几十年后，当华罗庚回忆起他当助理员的生涯时说：“我去清华时，系里的图书散漫在小屋子里的地上，乱七八糟。我把它们一本本地整理好，归类放好。我只要闭着眼睛一摸，就知道哪本书放在哪里。”那时，华罗庚很穷，只是单身在清华园，家属仍留在金坛。“每当我寒暑假回家乡探亲时，熊庆来先生总是依依不舍，他生怕我嫌钱少不肯再回来了。他哪里知道，清华给我的钱比金坛初中给的钱优厚多了，清华对我来说是求之不得的。”

只有初中文凭的大学教师

1931 年前后的清华大学算学系，群星璀璨，不仅有熊庆来、杨武之（诺贝尔物理奖获得者杨振宁的父亲），还有后来成为著名数学家的陈省身与许宝騄，以及卓有成就的柯召、吴大任等，这些人在以后为中国的发展做出了卓越的贡献。华罗庚在这样一个人才济济的环境中，既感觉到巨大的压力，也备受鼓舞，他立下一个宏愿：“以过人的努力，追求自己的成就。”他还有一句座右铭：“见面少叙寒暄话，多把学术谈几声。”

华罗庚的刻苦与努力，他的朋友看在眼里，感动在心里。如数学家陈省身说：“罗庚事业心强，用功非常人可及。他的数学研究范围甚广，扬名国内外。”徐贤修在《回忆华罗庚》一文里说道：“华先生治学，提纲挈领，讲求效率，教学深入浅出，大受学生欢迎，研究则直指尖端，不畏艰难；他的天赋过人，勤奋异常。曾对我说：‘人家受的教育比我多，我必须用加倍的时间以补救我的缺失，所以人家每天做 8 小时的工作，我要工作 12 小时以上才觉得心安。’他初到清华时工作时间比此更长。他力学能持之以恒，做‘半时助理’如此，当教授如此，举世闻名后亦复如此。可知‘天才’的成功大半须从努力中得来，实足为后世天分高者矜式。古宋大儒为学必于博中求精。华先生于数学，学无不窥？除大部时间用在解决所选择的难题外，其余则用在博览时文。他领悟过人，信手拈来都是富有创造性的佳作。所以著述宏丰……另一方面的贡献，则是每一重要书籍出版必喜与同辈研读讨论。”

虽然熊庆来认为华罗庚是可造就之才，费尽心思将他调往清华工作，但毕竟他只有初中文凭，其实际数学水平如何，熊庆来并没有充分地认识到。所以，当华罗庚问他“熊先生，我可以听您讲的高等数学分析吗”时，熊庆来却说：“你还是按部就班地从头学起吧，先去听听初等微积分和解析几何，争取通过大学考试，再到我的算学分析班来旁听。”

熊庆来教授的关心是真诚和善意的，是想让他先取得大学文凭，在清华站稳脚跟，然后再专心研究数学。然而华罗庚却不愿意浪费时间，解析几何与微积分他早就自学过，他需要学习更多高层次的知识,后来他对人说:“当时解析几何对我来说太浅近了,即使是熊先生的分析班,我也可以听懂。”人家问他:“你当时的数学程度究竟有多高?”华罗庚说:“有些问题已经了解到如算学系三、四年级时的程度,有些地方则尚差一点。”

所以他既没有照熊庆来的意见做,也没有去听高等数学分析,而是一头扎进清华大学的图书馆,每天遨游于数学文献的浩瀚海洋,广泛涉猎各种知识,不分白天黑夜地学习着。时间对他来说太宝贵了,白天又那样地短促,于是,他学会了熄灯之后在黑暗中看书的本领。乍一听,这是令人难以相信的。但他确实是这样做的,而且还取得了不错的效果。

具体做法是这样的,每到晚上该熄灯的时候,他就看一下该做的习题,然后关掉灯躺在床上,思考题目该如何做,解答完后,记住答案,到第二天对照答案检查一遍。如果遇到困难,解答不出来,他就打开灯来,对照书本重做,直到做对弄懂为止。这样,每天他工作一二十个小时,只睡四五个小时的觉。别人一本书需要个把月看完,他半个月就看完了,弄懂了。

不到一个月,熊庆来就发现华罗庚不但不必去听解析几何与微积分课，而且对算学分析也有一定了解。后来，他对华罗庚说："华先生，这学期我讲数论，我请你去听课。"不但如此，熊庆来在备课遇到疑难或在做不出习题时，就在办公室里叫道："华先生，请过来一下，看看这个题目怎么做！"（华罗庚的办公室就在熊庆来隔壁）熊庆来在他的著作《高等算学分析》的"序言"里，还特意感谢了他当时的助手华罗庚与陈省身。

进入清华园后，华罗庚主要的时间都用来学习，只用了一年半的时间，他攻下了数学系的全部基础课程。通过学习，他眼界大开，认识到以前的学习只是数学的初级水平，从此他更加努力地致力于高等数学的学习。特别是听了杨武之的课之后，他开始跟杨武之学习数论，即用初等方法来研究堆垒数论问题。杨武之之子杨振汉后来回忆："在清华与西南联大时，华罗庚常来我家，不论是初等数学还是高等数学的习题，他不出三天定能做出来。"

在清华的这几年，华罗庚的研究能力获得了极大的提升，可谓是硕果累累。1934 年—1935 年，华罗庚在国内外杂志上共发表了 15 篇论文，一篇文章发表在德国《数学年鉴》上面。那时，《数学年鉴》被认为是世界上最重要的数学杂志。1936 年，华罗庚又发表了 6 篇论文，其中 5 篇都发表在国外杂志上。

当时，中国的数学研究还处于起步阶段，能够在国外数学杂志上发表文章的研究人员屈指可数，华罗庚每年却能够高质高量地发表那么多文章，真是声名鹊起，同侪佩服。

至此，华罗庚的数学才能终于被大家认识和承认。清华大学算学系的创始人之一郑桐荪曾说过，像华罗庚“这样有才气而多产的数学家，应以全力支持他成功”。1935 年的一天，清华大学各个系的教授济济一堂，召开特别会议，讨论的主题是：华罗庚是否能走上讲台给学生讲授微积分这门课程？

为什么呢？原因是华罗庚这时还只有初中文凭。在清华大学，让一个只有初中文凭的人做助理员，已是一件破清华大学“纪录”的事，当助教，那更是比登天还难！会上，有人坚决反对，他们认为，让一个只有初中文凭的人当大学老师，简直有损清华大学在国内外的声誉。也有很多人赞成，他们认为华罗庚虽然没有大学文凭，但其成就远远超过大学生的水平，甚至有些大学教授也望尘莫及。双方各执一词，争论得非常激烈。郑桐荪力主破格提拔华罗庚，算学系代理主任杨武之也非常赞成他的提议。在争论不休的时刻，清华大学理学院院长叶企孙拍案而起，作出最后决定，他说：“清华出了个华罗庚是一件好事，不要被资格限定。”就这样，华罗庚被清华大学破格提拔为助教，并教授微积分课程。

除了学习数学之外，华罗庚还自学了英语、德语与法语。来清华前，他的英语水平非常差，但到 1934 年时，他不仅能看懂英文的数学书，还能用英文写论文在国外发表。他学习英文的方法非常特别，他回忆初来清华时说：“我的英文程度也许还在初中阶段，但我读外文书时，多半用猜测方式去了解。我正在阅读时，怕影响注意力，暂不翻字典，全篇读完之后，再翻阅英汉字典，结果发觉自己都猜对了。后来读得多了，就完全用猜想法，也就不再查字典了，可以一直阅读下去。”

总结华罗庚在清华这五年，陈省身说：“华罗庚自学数学最成功的一段倒不是他在家乡的时候。在清华这个时期才是华罗庚自学最主要与最成功的一段。这几年里，他把大学的功课学完了，并开始作文章。”是的，华罗庚在金坛的经历证明了他有常人所不及的开拓精神、克服困难的勇气与特别勤奋努力的品质，但这并不能预言他能成为一个好的数学家。因为，一个人，当他取得了一定的成绩后，容易出现满足于现状的心理，于是，不再学习新的知识，不再追求更高的境界，最终的结果就是在获得的成绩面前止住脚步，不再有长远发展。而华罗庚能“成功地从自学数学的天才青年成为造诣高深、有多方面创造的数学大师”，主要靠的是他不断的努力；一步一个脚印地不断往前迈进，永不止步，不断追寻，是他成功的关键。

4. 跻身剑桥大学

提出一个好的数学问题，往往比解决一个问题更重要，因为它对推动数学发展具有不可估量的作用。

要学问不要学位的访问学者

1936 年，华罗庚经学校推荐，并得到了中华文化教育基金委员会每年 1200 美元的资助，以访问学者的身份去英国进修。虞寿勋在《我与罗罗》里回忆：“罗庚由夫人吴筱元陪同，来到上海，住在福州路之江苏旅社。因招待周到，价格适中，金坛人都喜欢在这里下榻。这时，我在上海美华女子中学任训导主任，因暑假中招生等事宜，尚滞留沪上。听到罗庚到了上海，立即前往江苏旅社看望老友。罗庚笑容可掬，红光满面，一副学者风度，当我问到他今日乘长风，破万里浪，远离故乡，你有何感想时，罗庚说：‘我现在只想如何为祖国争光。’我不禁肃然起敬。临别时，我祝愿罗庚一路顺风，为国珍重。”

此时的剑桥大学是世界数学中心之一，正处于发展的鼎盛时期。英国著名数学家哈代虽然已经 60 岁了，但仍是剑桥的中心人物，在他的周围聚集了一批朝气蓬勃、才华横溢的青年数学家。

华罗庚到达剑桥大学时，哈代正在美国旅行。其实在这之前著名的数学家温纳已经给他写过推荐华罗庚的信，还给他看过华罗庚的论文，哈代对华罗庚的印象不错。据说哈代在临走之前托人留了一张纸条给温纳："华来时，请转告他，他可以在两年之内获得博士学位。"剑桥大学的博士学位非常难获得，一般人需要三四年甚至更长的时间。不料华罗庚却说："谢谢哈代先生的好意，我来剑桥大学是为了求学问，不是为了学位。我不想念博士学位，只想当一个访问学者。"这番话使听的人惊讶不已，因为"博士"头衔是一块金字招牌，是大家梦寐以求的，凭着它，回国后就可以衣食无忧了。但是，要获得博士学位，必须交纳巨额学费，按剑桥的规则，缴足学校规定的费用才可以做个正式研究生，那时的华罗庚，每年仅得中华文化教育基金会 1200 美元的补助，无力缴足费用。有一次，华罗庚的朋友陆天台亲口问过他："为什么您一年之中完成了十一篇论文，每一篇可得一个博士，却因没交学费给校当局，而不获学位呢？"他笑笑说："钱不够呀，学费贵极，也就算了。"学费不够的困境可以想办法解决，如可以向中华教育基金会申请补助，或者向清华大学申请学费，还可以向朋友借贷，但他没有这样做。

另外，更重要的是，读博士学位只能选择有限的几门课程学习，对华罗庚来说，这根本就不解渴，他渴望同时攻读七八门课程。再加上他对虚妄的名誉、地位根本就不放在心上，尽快地学到真才实学，做出好的成果，为国争光，对他才是最重要的。在回忆这段学习生活时，他风趣地说："有人去英国，先补习英文，再听一门课，写一篇文章，然后得一个学位。我听七八门课，记了一厚叠笔记，回国后又重新整理了一遍，仔细地加以消化。在剑桥时，我写了十多篇文章。"

成熟在剑桥

在剑桥的两年时间里，华罗庚利用剑桥大学良好的学术环境，在数论与分析方面下了不少功夫，同时，也达到了他一生中的第一个创作高峰。他的一系列研究成果，达到了国际一流水平，在华林问题、塔内问题、奇数的哥德巴赫猜想问题等方面做出了重要的成果。对华林问题，华罗庚研究得非常透彻。在对塔内问题的研究中，他发明了一个重要定理，被人称为“华氏定理”。这个问题著名数学家哈代过去也曾研究过，并且认为已无法继续攻进，他还把这个观点写进了一部即将出版的著作。当哈代从美国回到剑桥得知华罗庚的研究结果后，高兴地说：“太好了！你的发现很重要！”过了一会儿，又说道：“糟了，我写了一本关于塔内问题的书，你改进了好些地方，已经到了这个问题的极限，再跨不过去了。这样一来，我的书非改不可了……”这也许是近代中国数学家的成果最早被外国名家引用。

在剑桥的最后一年，华罗庚的《论高斯的不完整的三角和估计问题》发表，19 世纪欧洲数学家高斯提出了三角和估计问题，曾被许多数学家研究，但并没有找到解决的办法，却被年轻的华罗庚用不到一年的时间彻底解决了。这篇论文轰动一时，华罗庚出色的成就赢得了数学大师们的交口赞扬。

如果说华罗庚在清华大学的研究工作让他开始步入数学研究领域，那么在剑桥的工作则使他的研究进入成熟期，他已脱胎换骨成长为一名成熟的数学家，不仅有了自己专门的研究领域，形成了自己独特的研究方法，也有了比较系统的学术观点。

首先，他对数学研究有了清楚的认识，他说："新的数学方法与观念，常常比解决数学问题本身更重要。因为它们有更普遍的作用与意义，并能将数学引向深入发展。"也就是说，提出一个好的数学问题，往往比解决一个问题更重要，因为它对推动数学发展具有不可估量的作用。

其次，华罗庚认识到数学科学是一个不可分割的有机整体，尽管数学知识存在很大差异，但其内部存在着千丝万缕的联系。众所周知，随着数学的深入发展，各专业之间越分越细，很容易导致将数学各分支割裂开来，不利于数学研究的发展。如何打通各领域之间的界限呢？著名数学家希尔伯特指出：必须找到有力的工具和更简单的方法，来找到数学各分支之间的联系点。华罗庚也一直反对将数学割裂开来，而对别的东西不闻不问，他将这种做法形容为“画地为牢”。1958年华罗庚在中国科学技术大学倡导的“一条龙”教学法的思想就是基于对数学统一性的认识。

在此认识基础上，华罗庚找到了自己的研究方法，那就是直接法。直接法是指面对一个问题时，尽量用最简单、初等的方法来解决此问题，这样做的困难非常大，要求研究者对研究的问题有着透彻的分析和理解，而且对前人的研究成果也必须有充分的认识，这样才可能找到简单而直接的处理问题的方法，一个很难的问题才会迎刃而解。华罗庚无论做哪一项研究，解决哪一个问题，总是抓住其中心问题，力求在方法上创新，做到简单易懂，写文章、作演讲亦力求深入浅出，通俗易懂，他从来不做一些华而不实的事。

最后，在剑桥大学期间，华罗庚找到了自己感兴趣的研究领域，那就是数论研究。数论无疑是一支最古老而又非常优美的数学分支，众多的数学天才都为之倾倒过。中国古代数学家也曾对数论研究做过重大贡献，如孙子定理，祖冲之用密率来近似计算圆周率 π 等。数学家高斯更把数论置于科学之巅，他把数论描绘成“一座仓库，贮藏着用之不尽的能引起人们兴趣的真理”。他还形象化地形容说：“数学为科学之皇后,数论乃数学之皇后。”数学家希尔伯特认为数论是“数学知识的永不枯竭的源泉,并对其他一切领域的研究提供了不断的刺激”。

华罗庚跟前辈一样,赞美数论之美,同时也被数论深深地吸引着,他已认定了数论将是他今后工作的重点,他要为数论研究贡献自己的力量。

5. 开创新的研究方向

- 在研究数学时，拼命进攻固然很重要，但退却也很重要。善于退却，把握住退却的时机，这本身就是一种艺术。

执教西南联合大学

正当华罗庚处于研究的高峰时，1937年爆发了“七七事变”，日本侵略军大举侵入中国，很快地侵吞了大片中国的领土。听到祖国正在遭受灾难，华罗庚毅然放弃了在海外逗留的计划——本来他打算次年应苏联科学院的邀请访问苏联。在回国前夕，他的朋友萧传文曾力劝他：“不必冒此战火炽烈的危险，留在英国各大学讲授数理，必受欢迎。”但“他的爱国心切，决心回国与全国同胞共赴国难，其高昂的爱国热忱与高尚情操，于此可见”。1938年，华罗庚终于回到祖国母亲的怀抱。

战乱之际，清华大学、北京大学与南开大学均搬到抗日的大后方——云南昆明，三校联合组成“西南联合大学”。华罗庚回国后，被聘为该校数学系的教授，并将自己的家人接到昆明一起生活。聘请华罗庚为教授还颇费了一番周折。在去剑桥大学学习之前，华罗庚还只是清华大学一名小小的助教。众所周知，正教授必须由助教、讲师、副教授一级一级往上升，虽然此时他的数学水平在国内已经很少有人可以与之匹敌，完全可以胜任教授之职，但是由助教一跃而为正教授，还是从未有过的。最后，还是杨武之仗义执言，力主将华罗庚越过讲师与副教授，直接提升为教授。

周培源后来回忆说："在30年代，像清华这样的大学，教师中有助教、教员、讲师、副教授与教授五个级别。罗庚同志初到清华时只是一个初中毕业生。一般来讲，一个从初中毕业的青年成为一位大学教员需要十年的时间——三年高中，四年大学，三年助教。但是罗庚同志在清华期间一面工作，一面学习，仅仅花了四年的时间竟能完成十年的工作、学习与教学任务，这在我国近代教育史中还没有第二人。"

陈省身说："华罗庚来清华一年之后，大家了解了他的工作能力，就请他教微积分。那时清华的学校负责人是很了不得的，一点不讲什么资格，初中毕业，在系里工作一年，就请他教书，教微积分。"徐贤修说："当时清华聘人条件极严格，华先生却能破格由'半时助理'直升教员，而正式开课教授学生……这是学校对他不寻常的承认与鼓励，真是学术界的创举，更可见当时负责系务的熊、杨两先生的大公无私、苦心孤诣和华先生独立奋斗所得的实至名归。这也是当时学术独立不受强制死板规定约束的优良表现。一个真正从事教育的人必须时刻以为团体罗致杰出人才为职志，而蔚然成风，这才是最重要的。"

劫难2

抗日战争中的昆明生活是非常艰苦的，那时物价飞涨，物资匮乏，日本飞机整天狂轰滥炸，华罗庚把自己在昆明的经历叫作生平遇到的“第二次劫难”。这段日子比华罗庚小的时候感觉还困难些。姐姐华莲青后来回忆说：“我们家过去很穷，但饭还有得吃，不用罗庚操心，现在就不行了。”华罗庚自己回忆说：“想到了40年代的前半叶，在昆明城外20里的一个小村庄里，全家住在两间小厢楼（还没有现在我的办公室大）里，食于斯，寝于斯，读书于斯，做研究于斯。晚上一灯如豆。所谓灯，乃是一个破香烟罐子，放上一个油盏，摘些破棉花做灯芯。为了节省菜油，芯子捻得小小的。晚上牛擦痒，擦得地动山摇，危楼欲倒，猪马同圈，马误踩猪身，发出尖叫，而我则与之同作息。那时，我的身份是清高教授，呜呼！清则有之，清者清汤之清，而高则未也，高者，高而不危之高也。”还说：“回到昆明以后，吃不饱，饿不死。那今时候，有句话叫‘教授教授，越教越瘦’。”

记得那时有这么一个笑话，说一个教授走在大街上，后面跟了一个要饭的，一直跟了一条街，那个教授身上实在没有钱，回头对乞丐说："我是教授！"那个要饭的听到之后马上就跑掉了。因为连他们都知道，教授是最穷的，跟着也没用，要不到钱的。生活实在是太艰难了，常常是吃了上顿没下顿，几乎所有的教授都生活困难。为了维持生计，西南联合大学的众多教授纷纷靠兼职赚点钱来养活全家，如闻一多雕刻图章，吴大猷养猪。杨振宁回忆："有一次吴大猷教授的学生黄昆到乡下去请教吴教授，当两人正在讨论物理之际，吴教授看了一下表说：'不成，我现在有事情！'黄昆问他有什么事情。他说：'我要去喂猪！'原来那时教授没有钱，吴教授就养了几头猪，可以赚到一点钱维持生活。"华罗庚家人口多，他姐姐一家还跟着他们一起生活，经济上尤其困难，他只能靠悄悄到中学去兼职上课，以微薄的收入贴补家用。

屋漏偏逢连夜雨，经济日益拮据，他们的第三个孩子又降临了，华罗庚实在无钱送妻子去医院，最后只能在破旧的茅草屋里迎接了孩子的到来。在给儿子取名时，华罗庚幽默地说："就叫华光吧！我们家的钱又花光了！"困苦的生活实在是压得人抬不起头来，连他最喜欢的香烟，他也戒掉了，还说："等抗日战争胜利了，再抽烟吧！"那时熊庆来教授知道他们家生活艰苦，好几次拿钱给他，说："拿去用吧！这是借给你的。”但华罗庚坚决不收，说：“非常谢谢，我还可以维持。”因为他知道大家都不宽裕，坚决不给别人添麻烦。后来，每逢熊庆来家有好吃的，就会请华罗庚去“打牙祭”。吴筱元的弟弟回忆：“每当熊家有好吃的，总要请华罗庚去共同品尝。”为了缓解华罗庚家的经济困难，熊庆来还介绍他去云南大学上课，但华罗庚拒绝了，他怕影响他的研究工作。

在一家人最困难的时候，妻子吴筱元则是他的坚强的后盾。为了不使他过分地为生活操心，吴筱元默默地担负起全部的家务劳动。那时候，他们为了躲避敌人的轰炸，全家搬到了昆明郊区，所以，为了买菜、买米，吴筱元经常要走好几里地，然后再一个人背回家。为了省钱，她精打细算，能不花的钱坚决不花，就连喝的水，她也舍不得买，总是自己走到很远的地方挑回来。在昆明那几年，她几乎没为自己买过一件新衣服，孩子的衣服，则是大的穿过改给小的穿，一家人的鞋子，都是她亲手做的。一有空闲，她还给商店绣手巾，以贴补家用。为了使丈夫安心研究，连孩子生大病这样的事，她都不告诉丈夫，总是一个人不吃不睡来照顾。甚至家无分文时，但凡她能想到办法解决，她坚决不告诉丈夫，生怕影响了丈夫的研究工作。在忙完家里所有的事情后，吴筱元还经常帮助丈夫打打字，抄抄稿子。有时候别人看到她这么辛劳，头发都白了不少，就劝她多休息休息，她却总是说：“没事，我能帮他一点忙，他就少操一点心呗！他这个人呀，读起书来，或是干起事情来，会把吃饭、穿衣都忘了，总得有人帮他、催他才行啊！”

在昆明生活的这几年，不仅经济异常艰苦，生命也时时会遇到危险。昆明是抗日的大后方，是日本空军轰炸的目标之一，因此每天都有敌机在昆明上空盘旋轰炸，有时候甚至能看得见飞机上的“鬼子”。为了躲避敌人的狂轰滥炸，华罗庚和家人只好从昆明城区搬到郊外，在一个叫黄土坡的小村子里住了下来。那时，为躲避敌机，村里各家各户都挖了很多的防空洞，每个防空洞可以容纳几个人。有一次，警报拉过很久，还没见日机飞过来，华罗庚就到一个朋友家去请教一个问题。没想到刚走到朋友的防空洞里，日本飞机就飞来了，一阵狂轰滥炸后，到处黄土飞扬，响声震天，连几围粗的大树也被炸倒了一大片。其中有一颗炸弹正好掉到华罗庚朋友家的防空洞附近，霎时洞口就炸开了花，防空洞顿时就被黄土掩埋了。幸亏洞中有个人的手和头没被土埋住，于是他把每个人的脑袋先扒拉出来，但是黄土将每个人的身体掩埋得结结实实，最后找来了好多人，用手慢慢刨，花了两三个小时，才将他们从土里刨了出来。华罗庚的耳朵被震得出了血，但总算是死里逃生了。

后来，华罗庚一家只好搬到更远的郊区大塘子村去安家。这时，华罗庚家距离杨武之家非常近，只隔了一条路。但两家还是没能完全避开空袭，时时有生命的危险。据说，有一次空袭，一颗炸弹正好落在杨家的天井里，所有的房屋都给震塌了，洗脸盆居然被压成了一张铁片，华罗庚借给杨武之的一本德文字典也被压得稀烂，可见如果家里有人的话，早就没命了。幸运的是，杨家所有的人都到外面躲警报了，华罗庚全家也躲往附近的村庄，所有人都安然无恙。

回忆在昆明的生活，华罗庚写过这样一首诗："寄旅昆明日，金瓯半缺时，狐虎满街走，鹰鹯扑地飞。"当时，正处于民族危亡之际，国家破败不堪，像华罗庚这样的普通老百姓生活困苦，每天担惊受怕，当权者不仅不体贴民情，还横行霸道，鱼肉百姓。面对这样的社会现实，华罗庚身处其中，深受其害，通过诗歌表达了自己强烈的愤慨和不满。

在那个动荡的年代，人们普遍自顾不暇，但人间依然有真情在，华罗庚与闻一多的患难之情，尤其令人动容！在躲避日军的空袭时，华罗庚结识了闻一多先生，并演绎了一段"挂布分屋"而居的佳话。

与闻一多相识相交

闻一多，新月派代表诗人，著有《红烛》《死水》等多本诗集。闻一多先生 13 岁就考入北京清华学校，后进入美国芝加哥美术学院学习，在古典文学领域有极高的造诣，他对《周易》《诗经》《庄子》《楚辞》四大古籍进行了深入的整理研究，被郭沫若称为“前无古人，后无来者”。从 1932 年开始，闻一多定居北京，并任清华大学中国文学系教授。1937 年抗战开始后，他随清华大学内迁昆明，在昆明西南联大任教。

华罗庚 1931 年进入清华，开始做“半时助理”，此时的闻一多先生的诗名已是扬名全国，虽然两人同在清华，但他们之间并没有深入的交往。华罗庚回忆说：“那时我只是无数仰慕先生风采的青年中的一个。先生那时为无数青年所景仰也不是偶然的，他在《死水》中把黑暗的中国比做‘一沟绝望的死水’。在《心跳》中呼唤‘谁希罕你这墙内方尺的和平！我的世界还有更辽阔的边境’。”这些诗歌，同样在年轻的华罗庚心中引起了共鸣。

据闻一多的儿子闻立雕回忆，在 1938 年，日军对昆明进行了大规模轰炸，闻一多头部受伤，经治疗休养了一个多月才痊愈。1940 年夏的又一次空袭中，一颗炸弹落在闻一多家的后院，幸好是个“哑弹”，未爆炸，否则闻一多一家早就遭难了。经过这两次惊吓，闻一多全家只得从城里搬到乡下一个叫陈家营的村庄。1941 年的那次空袭，使华罗庚遭到“活埋”，险些丧命，华罗庚全家只得又搬到大塘子村，警报拉响时，又只得跑到大河沟去躲避。那几年，华罗庚一家四处奔波逃命，真是凄惨万分！正在走投无路之际，听说闻一多先生就住在附近的陈家营，华罗庚全家也逃到那里。对于华罗庚全家的到来，闻一多给予了热情的招待。其实，闻一多对华罗庚的数学天才与勤奋刻苦非常钦佩，他常勉励自己的孩子：“一定要像华先生那样勤奋用功，认真读书，将来才能成为一个对社会有用之人。”

闻一多家在陈家营住的房子是幢二层小搂，但一楼根本不能住人，主要是灶房和牲口圈。二楼只有两间房间，闻一多一家八口人住在这两间房里本已十分拥挤，但他仍腾出较大的一间正房给华罗庚一家六口人住。华罗庚曾写了一首诗描绘当时的情形：“挂布分屋共容膝，岂止两家共坎坷。布东考古布西算，专业不同心同仇。”

虽然房子比较小，但两家相处融洽，互相体贴彼此的苦处、难处。闻一多埋头研究“盘瓠”（远古的神话传说，其历史价值非常高），华罗庚则专心研究数学，两人同在一个屋檐下，点着两盏小油灯，经常工作到深夜。在这段艰苦的岁月中，二人建立了非常深厚的友谊。华罗庚回忆：“无论春寒料峭，还是夏日炎炎，他总是专心工作，晚上在小泊灯下一直干到更深，陶醉在古书的纸香中。‘盘瓠’的结果，是写了一大篇《伏羲考》，他的欣喜常常溢于言表。但是，毋庸讳言，当时他对‘盘瓠’的兴趣，显然在对政治的爱好之上。通过这一段患难之交的共同生活，一多先生严谨的治学态度，对我影响很大，成为我毕生学习的榜样。”

1941年10月，闻一多家搬走了，陈家营的房子留给华罗庚一家居住。从此，两人见面的机会很少了，但虽然如此，两人的友谊之情并未减少。在昆明，生活拮据，闻一多为贴补家用，做起了手工业者，挂起了“闻一多治印”的招牌，通过替别人镌刻图章赚点钱来维持生计。他还专门为华罗庚镌刻了一枚图章，上面刻有几行小字：“顽石一方，一多所凿。奉贻教授，领薪立约。不算寒伧，也不阔绰。陋于牙章，雅于木戳。若在战前，不值两角。”闻一多精心雕刻的图章，是他与华罗庚真挚友谊的最宝贵的见证。这枚图章，华罗庚一直珍藏着，即使在动荡不安的岁月里，他也总是随身带着，每次看到它，就想起闻一多先生，这象征了他们患难之交的珍贵情谊。

在中华民族面临生死存亡的关键时刻，每一个有良知的中国人都在争相为国奔走。面对民族的巨大灾难，闻一多作为一个有正义感及爱国心的知识分子，再也坐不住了，他从故纸堆中走了出来，参与了抗日救亡运动。1944 年，在纪念“五四”的晚会后，因目睹国民政府的腐败，他愤然而起，积极参加反对独裁、争取民主的斗争。从此，闻一多由一个诗人、学者变成为和平民主奔走呼喊的战士了。有一次，华罗庚和闻一多谈起闻一多这种变化，闻一多激动地说：“有人讲我变得偏激了，甚至说我参加民主运动是由于穷疯了。可是，这些年我们不是亲眼看到国家糟到这步田地，人民生活得这样困苦！我们难道连这点正义感也不该有？我们不主持正义，便是无耻、自私！……要不是这些年颠沛流离，我们哪能了解这么多民间疾苦，哪能了解到国民党这样腐败不堪！”闻一多先生的爱国热情对华罗庚影响非常大，使他也积极参与到当时如火如荼的抗日民主爱国运动之中。

1944 年的夏天，中共地下党组织决定在云南大学“汇泽堂”举行纪念抗日战争七周年的时事报告晚会。这件事情引起了国民党当局的警觉，他们千方百计地破坏这次集会，除在会场上捣乱外，还邀请了云南大学的熊庆来作讲话。在大会上，熊校长避而不谈晚会纪念抗日的宗旨，只谈数学，而且要求学生不要过问政治，这引起了闻一多先生的强烈不满，他坚持站起来讲话："有人不喜欢这个会议，不赞成谈论政治，据说，那不是我们教书人的事……今晚演讲的先生，我们都是老同事，老朋友，可是既然意见不同，我还是要提出来讨论讨论……国家糟到这步田地，我们再不出来说话，还要等到什么时候！我们不管，还有谁管？"

事后，华罗庚指出了熊庆来的错误，希望他能站到群众一边来，熊庆来对华罗庚说："是训导长让我去的，我上了特务的当，我不该去，你见到一多，帮我解释一下。"后来，华罗庚将熊庆来的话转告给了闻一多，闻一多很理解地说道："当时不得不这样啊！自然，我讲话也太嫌锋利了一些。"

抗战胜利后，1946 年，西南联大解散，人们纷纷回到自己的学校，华罗庚也于 1946 年 6 月底离开昆明。这时，全面内战的阴云笼罩着大地，局势也越来越紧张，在离开昆明之前，华罗庚曾对闻一多说："情况这么紧张，大家全走了，你要多加小心才是。"闻一多回答说："形势愈紧张，我愈应该把责任担当起来。'民不畏死，奈何以死惧之'，难道我们还不如古时候的文人？"

1946年7月11日晚,民主战士李公朴被国民党特务杀害。李公朴牺牲后,1946年7月15日,在他的悼念会上,闻一多先生发表了著名的《最后一次的讲演》,当天下午即被国民党昆明警备司令部下级军官汤时亮和李文山杀害。听到闻一多遇难的消息时,华罗庚正在从南京到上海的火车上,其悲痛之情可想而知。他不能相信他深深敬仰、有患难之交的这位师友已经永远离开了他,当即挥笔写下:"乌云低垂泊清波,红烛光芒射斗牛。宁沪道上闻噩耗,魔掌竟敢杀一多。"

30年后,华罗庚写道:"闻一多的死,和我的出走,形成一鲜明的对照……作为一多先生的晚辈和朋友,我始终感到汗颜愧疚,在最黑暗的时刻,我没有像他一样挺身而出,用生命换取光明!但是,现在我又感到宽慰,可以用我的余生,完成一多先生和无数前辈未竟之事业。"他还写道:"闻君慷慨拍案起,愧我庸懦远避魔。后觉只能补前咎,为报先烈献白头。白头献给现代化,民不康阜誓不休。为党随处可埋骨,哪管江海与荒丘。"

《堆垒素数论》

从1938年到1945年，华罗庚一直在西南联合大学任教。为了躲避敌人的轰炸，和其他教授一样，华罗庚住在昆明郊区。对华罗庚这样一个左脚跛行的残疾人来说，往返十多里上课，非常不方便。当时，唯一的交通工具就是牛车，由当地的农民驾驶。他的好友萧传文回忆道：“那时的牛车有左右两轮，双边各有一块长木板，乘客即端坐在木板上，双脚下垂，两手紧握木板，以免中途被震动而跌落。因路面崎岖不平，坐在硬木板上，不到十分钟，即感到腰酸背痛了。”处于这样艰苦、动荡的环境中，华罗庚依然保持高涨的热情继续从事他在剑桥的研究工作，就是在防空洞里，他都会抓紧一点一滴的时间看书、钻研数学，敌人的炸弹来了，他都无动于衷，大有泰山崩于前也面不改色、心不跳的气概。在短短的几年时间里，他写了二十多篇论文，对在剑桥大学就展开的华林—哥德巴赫问题作出了进一步的研究，也得出了一系列重要成果。另外，他决定写一本专著，全面论述三角和的估计及其在华林—哥德巴赫问题上的应用。1940年，他仅用了8个月的时间就完成了《堆垒素数论》的写作。

《堆垒素数论》系统地总结、发展与改进了哈代与李特尔伍德圆法、维诺格拉多夫三角和估计方法及他本人的方法。在对华罗庚这本著作评价时，哈贝斯坦指出："华罗庚对圆法发展所做的贡献与达文坡特的贡献一起，仅让位于哈代、李特伍德与维诺格拉多夫的贡献，是肯定能够经得住时间的检验的……这种永恒的影响，甚至超出了希尔伯特定理的范围。他关于华林问题变体的研究及关于华林—哥德巴赫问题的著名研究，对于弄清圆法的力量与范围都是极具开创性的研究……沃恩的近作，对于迄今为止圆法的巨大进展，作了很好的总结，即使大致翻阅一下，亦能看出华罗庚对圆法发展做出的贡献所处的杰出地位……几代数论学家都从华罗庚的至今仍有影响的1947年的专著《堆垒素数论》中学到了圆法的知识。"

这么重要的作品，在出版时却颇费周折。华罗庚将自己的心血交给当时的"中央研究院"请求出版，却石沉大海，毫无音信。不仅书没出版，这本书的手稿也被弄丢了。最后，华罗庚将书稿寄给了苏联的数论专家维诺格拉多夫，他看后，立即回电说："我们收到你的优秀专著了，待战争结束后，立即付印。"1947年，《堆垒素数论》终于以俄文出版。

在俄文版"序言"里，华罗庚写道："本文中叙述了关于堆垒素数论的新结果，这一学科的基础是由维诺格拉多夫院士所奠定，而由著者发展的。在第五、第六两章把开拓了新途径的维诺格拉多夫院士的工作加以简化与改变而重述出来。”最后著者对苏联科学院对他的著作的好评表示深切的谢意：“在这些困难的日子里，我们的科学研究的成果能获得最友好的人民的最高权威方面的赞助，这特别给予我们很大的鼓舞。这种文化的合作是永远宝贵的，而在现在的时刻，这更具有特殊的意义，谨祝此书的出版将会加强我们两国伟大人民间的真诚友谊与相互亲善。”

《堆垒素数论》的出版立即引起了世界数学界的注意，甚至连维诺格拉多夫本人也在他的专著《数论中的三角和法》的“序言”中，称华罗庚的书为“优秀的专著”。可是，《堆垒素数论》的中文版直到 1953 年才在中国出版，在中文版的“序言”中，华罗庚这样写道：“这一本小书能够用本国文字出版是和人民民主政权分不开的。回忆一下离初稿完成的日子已经过了十二个年头了，离俄文版刊出的日子也已隔了六年了。在解放以前漫长的岁月中，这书在我国刊出的问题，由即将出版、等待出版一直演变到把原稿搞得无影无踪。以至于到了今天，在中国科学院督促之下，还得从俄文本翻译出来复印。这些事实有力地说明了，旧政权是怎样地不关心科学，而人民民主政权又是怎样地珍爱科学成果。”

1957年，华罗庚对《堆垒素数论》作了一些修改，1959年，修订本被翻译成德文和匈牙利文，1965年又被译成英文，此后又译成日文。半个世纪以来，这本书已成为几代数论学家经常引用的经典文献，并被称为20世纪经典数论著作之一。

虽然华罗庚在《堆垒素数论》里改进了维诺格拉多夫的方法，但华罗庚对他是非常仰慕和敬仰的。在去苏联当访问学者之前，华罗庚给维氏写了一封信，说：“这是一个很久的梦，即访问您的伟大国家与做您的一个学生。”另外，华罗庚还专门写过著作介绍维诺格拉多夫，文章说：“苏联的数学有它十分优良的传统，特别是维氏所专攻的数论这一方面。欧拉与车比雪夫对素数的研究奠定了俄国数论研究在两个世纪以来的首要地位，而维氏的工作又重新把苏联在数论领域的研究进一步地深入，就方法的精细，结果的重要而说，在世界上无疑问地提高到了第一位。”在谈到自己的著作《堆垒素数论》时，华罗庚总是说：“这本书受了维诺格拉多夫的影响。”他还说：“我研究维诺格拉多夫方法，每次都看到他把他自己的方法又改进了，一直到最后，我们才在一起作了一个总结。”由此可见，华罗庚不仅非常谦逊，善于学习别人的长处，做事也十分讲求实事求是、精益求精。

《矩阵几何》

除继续研究并完成其专著《堆垒素数论》外，华罗庚又在数论的不少问题上进行了研究。例如他求得将整数分拆为互不相等的整数之和的分拆公式，他还分别改进了数学家维诺格拉多夫、苏尔与蒂奇马什的研究结果。可见，华罗庚的数论研究范围已经非常广泛了。哈贝斯坦说："华罗庚的数论论文，实际上是本世纪30到40年代数论舞台上重要活动的航图。从这个背景看，华罗庚的兴趣是何等广泛，他对当时数论技巧掌握是何等精深，他的活跃思想又是何等重要。到1945年，华罗庚已明显是那时的数论学家领袖之一。"

数论问题，华罗庚已经研究得非常专业和透彻了，但是他并不满足，因为他已经感觉到了数论领域很难再取得突破性的进展，如果不再涉足数学其他领域的研究，他的数学生命不会长久。他说："假若我当时不改行，大概我再写几篇数论文章，我的数学生命也就结束了，但改行了就不一样了。"对于自己改变数学的研究方向，华罗庚有过很详细的说明：

“我已经明白维诺格拉多夫的韦尔和估计方法不仅主阶已经无法再改进,甚至次阶,即对数阶亦去不掉。如果还有可能作出本质改进,我是不会改行的,我要继续将三角和估计搞下去。”可以说,华罗庚改变研究方向是在对自己的研究领域有了全面分析和深刻认识之后作出的慎重决定,并不是他有畏难情绪;而且,要一个人放弃他熟悉的领域,去研究对他来说非常陌生的领域,是需要极大的毅力与勇气的。不可思议的是,华罗庚与维诺格拉多夫取得了惊人的共识,维诺格拉多夫就曾对他的研究生斯捷潘诺夫说过:“你不要推广我的方法,这对数论没有什么作用。”他还说:“我的方法所能得到的重要结果,我已得到了,你还是搞点别的吧!”斯捷潘诺夫听了维诺格拉多夫的建议后,果然在其他方面作出了开创性工作。

对华罗庚来说,这时候改变研究方向,有极其深远的影响。事实上,维诺格拉多夫方法至今仍无实质性的进展。从这儿我们可以看出华罗庚极高的人生智慧,他说:“在研究数学时,拼命进攻固然很重要,但退却也很重要。善于退却,把握住退却的时机,这本身就是一种艺术。”而在此时,德国数学家西格尔的工作吸引了华罗庚的注意。

西格尔在数论方面发展了二次型的解析理论,给出超越数论及丢番图逼近的一些结果。在多复变函数论方面他进行了典型域的分类及辛几何的研究，同时为离散子群及相应模函数论开辟了重要方向。这时，华罗庚对他的矩阵方法产生了强烈兴趣。加上华罗庚本身就善于用初等方法与直接方法去处理数学问题，也善于用几何与分析做背景来处理代数问题，还善于用代数工具来处理几何与分析问题，所以，华罗庚决定走自己的路，他将自守函数论、矩阵几何学、典型群论与多个复变数函数论放在一起研究。自此，华罗庚的学术生涯又有了一次重大转向，并形成了具有自己特色的开拓性工作。

从 1944 年至 1945 年，华罗庚发表了《矩阵变元的自守函数论》（Ⅰ，Ⅱ）及《多变数富克斯函数论》三篇文章，以其独特的直接法与具体法为特征，建立了一系列侧重几何学的结果，并开拓了“矩阵几何学”这一领域。从 1945 年到 1947 年，华罗庚发表了四篇总标题为《矩阵几何》的论文，得出了多个重要的定理和结论。

西南联合大学的华罗庚实现了其研究方向从解析数论到多复变函数、矩阵几何学的转变，并在新的研究领域做出了卓越的贡献。1997 年 6 月，著名美籍华裔数学家、菲尔兹奖获得者丘成桐教授谈到华罗庚关于复变函数工作的意义时说:“中国近代数学能超越西方并与之并驾齐驱的原因主要有三个:一个是陈省身教授在示性类方面的工作,一个是华罗庚在多复变函数方面的工作,一个是冯康在有限元计算方面的工作。我为什么单讲华先生在多复变函数方面的工作,这是我的偏见。华先生在数论方面的贡献是大的,可是华先生在数论方面的工作不能左右全世界在数论方面的发展,他在这方面的工作基本上是从外国引进来的观点和方法。可是他在多复变函数方面的贡献至少比西方早了10年,海外的数学家都很尊重华先生在这方面的成就。”

华罗庚之所以能取得如此巨大的成绩,跟他的刻苦钻研、不断追求有很大的关系,他曾多次说道:“并不是搞一大堆数学问题,都搞得不深入叫做有水平,而是搞一个问题,不断深入,搞得很深,这才是真正的高水平。”后来他回忆说:“抗日战争中,困研八年,所见始渐及其他,而且只能钻得更深些,才能避免与国外重复。”

对于华罗庚来说,不满足于已有的成绩,是他不断前进的巨大动力和唯一源泉,也只有这样,才能开创“前无古人”的成就。

《访苏三月记》

1946年2月25日，华罗庚收到苏联科学院与苏联对外文化协会的访苏邀请，对苏联进行了为期三个月的学术访问。在去苏联之前，华罗庚十分担心这次行程，他对朋友说："这次苏联请我前往讲学，本来不想接受，因前往社会主义国家虽是作学术性的演讲，也可能引起政府当局的误解。后来教育部负责人（应指朱家骅部长）来信嘱我去重庆再作决定，即使不愿前往，亦应向苏联驻华大使潘有新面致谢意。我从昆明飞抵重庆，即先去拜会教育部负责人，出乎意料，他却对我说，苏联邀请我国学人前往讲学，实属空前。为了国家体面及中苏友谊，切不可放弃这个机会，并赠支票一张，作为我旅途零花之需。我当然也就欣然就道了。"去苏联一路花了20多天，其辛苦可想而知，在途中还遭遇了暴风雪，当滞留于巴格达时，华罗庚请求国民党在德黑兰的大使馆帮忙，可大使馆的官员置之不理。华罗庚气愤之下写了一首诗："我欲高飞云满天，我欲远走水溢川。茫然四顾拔剑起，霜华直指霄汉间。"后来，在德黑兰苏联大使馆的帮助下，他才终于顺利地到达了苏联。

到苏联后，华罗庚每天都坚持写日记，记载自己在苏联的所见所闻，回国后取名为《访苏三月记》，此日记于 1947 年刊载在《时与文》杂志上。日记详细地记载了华罗庚在到达苏联后所受到的高规格对待，描绘了与他敬仰已久的著名苏联数学家会见的情景，其中就有维诺格拉多夫，他还作了多场关于“矩阵几何学”“自守函数论”“多个复变数函数论”的学术报告，并介绍了他在 1944 年至 1946 年的研究成果。

通过与一些著名的数学家会面，以及对苏联高校的实地考察，华罗庚发现苏联已经将纯粹数学研究和应用数学研究放到了同等重要的地位，这就使华罗庚联想到：“中国有一般人，认为数学无用，也有一些数学家，自己对数学研究得很好，但总觉得数学无用武之地，其实，是因为没有中间的这一道桥梁，把数学和应用联结起来。我几年前就曾呼吁过，我们中国科学要想进步，除去必须注意到理论的研究之外，还需要注意到理论和应用的配合，理论如果不和应用配合，则两相脱节，而欲求科学发达，实在是不可能的……同时我联想起我国将来数学研究所的工作，似乎不应当只偏重于纯粹数学或纯粹数学的一部分而已。”另外，华罗庚发现苏联十分重视对儿童数学思维的培养，他提到了自己有一次参观儿童宫的感受:“(儿童宫)它占有两间房子,我注意到其中的立体模型,如圆锥割面、正多面体等。我看了之后,不禁想起了我国的整个数学系统中忽略了立体观念,举例说,立体几何及球面三角,似乎都不在我们的系统之内。更具体地说,我在大学四年级的班上,竟发现若干高材生不知道正多面体究竟有几种。这种缺乏立体概念的数学体系,使我莫测高深,难道我们所处的世界竟是扁平的吗?竟是二度空间吗?在宇宙观念进入四度论的今天,我们竟忽视三度空间的几何,实是大可骇怪的。又如圆锥曲线的名词早见于中学教科书上,但是我们大学生还往往不知道圆锥曲线是从圆锥上截出来的曲线。这种忽视立体观念的数学,使我这个非中等数学教育家产生了不少疑虑。这些小天使由7—12岁就在这种生动的辅助教育的环境中熏陶着。”

还有一次,华罗庚去参观苏联中学生每年都举行的数学竞赛会,并听了两位著名的数学家给中学生做的演讲。两位演讲者中的一位是柯尔慕哥洛夫,他是科学院研究员,专门研究概率论,在战争中著有有关弹道学与概率论关系的书。另一位是阿历山德罗夫,他是科学院通讯研究员,形式几何学的泰斗,莫斯科数学学会的会长。我国著名的数学家王泽涵先生,曾是他在美国普林斯顿大学执教时的学生。这样两位著名数学家，在百忙中抽出时间给十五六岁的中学生作演讲，这种不辞辛苦传播数学知识的精神，令华罗庚深受感动。听演讲的人非常多，整个会场座无虚席，连走廊上都站满了人，除了中学生外，还有白发苍苍的老人。华罗庚问道："怎么听讲的人之中会有老年人？"得到的回答是："这些老年人都是中学教师，他们是专程来听这些著名学者的演讲而求进步的。"当时，华罗庚还参观了苏联科学院，看到苏联科学家工作的地方，映入眼帘的是一幢幢巍峨的大楼。对比起在昆明的日子，他不由得感慨万千："我们中国的科学家，哪天才能在我们自己国家的伟大的科学院内，安心地埋头做着我们的研究呢？"

可以说，苏联呈现出的欣欣向荣的景象，以及全国上下表现出的对发展教育科学的重视，使华罗庚不禁产生了对苏联人民与这个国家的无限敬仰之情。

华罗庚的《访苏三月记》发表后，在社会上产生了非常广泛的影响，虽然文章探讨的是单纯的学术问题，但在字里行间无疑充满了对苏联的友好与向往。在当时复杂的政治局势下，华罗庚的一言一行都受到特务密切的监视，但他还是冒着生命危险，在昆明青年会的阳台上给数千名大学生做了一场报告，详细介绍了苏联的情况，并对苏联在科学领域取得的成就赞不绝口。对于希望认识和了解苏联的中国人来说,这次介绍无疑具有极重大的意义。当时任记者的赵浩生说:“华先生与郭沫若先生先后赴苏联讲学,有人曾对彼得罗夫大使这样说:‘华先生对苏联科学成就的赞美,当比郭先生所说的更为人们相信。’彼得罗夫也表示他们愿意多请真正是无党无派的科学家去苏联考察。”但也有人对华罗庚的这次演讲不太满意,认为政治讲得太少了,据闻一多的儿子闻立雕的回忆:闻一多对华罗庚的报告“虽然感到不太满足,认为科学讲得多,政治讲得少,但还是满腔热情地鼓励华先生,说这个报告很好,对当前的民主运动的发展有很大好处”。

6. 旅居美国的岁月

在寻求真理的长征中,唯有学习,不断地学习,勤奋地学习,有创造性地学习,才能越重山、跨峻岭。

启程赴美

访问苏联回国后不久，华罗庚又接到美国普林斯顿大学的邀请，赴美讲学。在临行之前，上海《东南日报》的记者赵浩生对他作了详细的采访和报道。

赵浩生描绘了他们刚见面时的情形："对于新闻记者来访，他感觉很拘束，尤其是当另一位同业（同事）请他坐到窗前拍照的时候，他的表情简直有些害羞了。同业中，有一位是清华学生，喊着他'华老师'时，他不断地说：'不要这样太客气地叫我。'不过，当我们聊天开始提到一些科学上的问题时，他都诚恳而不厌其详，像对着他的学生们一样地说着他的意见。"

在谈到中国的数学教育时，华罗庚说："中国的教学方法问题是出在太注意方法而忽略了原则。讲授个数学问题，要教他十几种方法，其实只要一种就够了的。有了一种了解，别的自然可以想到，用起来最多不过一两分钟，学起来却不知增加多少麻烦。还有许多先生不愿意改练习，许多题目自己在黑板上演算一遍，让学生照抄了事；另一种毛病是不愿当堂答复学生的问题，这一种态度最坏。”他说：“我教书时，对学生的任何问题总要在堂上答复，这样可以训练学生如何去‘想’。真正当时解决不了的，我会坦白地告诉学生，我要下去继续地想，不要只顾面子，使问题解决得模模糊糊。”

当赵浩生问到“中国人的科学研究能力同外国人比较如何”时，华罗庚非常激动，以绝对化的口吻回答：“绝对不比外国人差。”但他又感叹：“中国的研究环境是怎样的呢？就以我在西南联大教书的情况说，在昆明为了躲警报，家住乡下，每天跑进城里上课，整天愁着一家人的生活，学校人少，找个助教都没有，在这种条件下，能够做出成绩，应该看作是奇迹，苏联科学家就感到很惊奇与钦佩。”

当问到他为什么要出国时，他以极富感情的语调说如果不是不得已，他绝不愿意出国。后来，他还给维诺格拉多夫写过一封信，说明自己赴美的意图：“在我回中国后，我发现中国处于异常困难之中，战争仍在进行。这一年，在原来的地方（北平）和平地做研究工作是没有希望的，所以我决定去美国工作一年。我的绝大部分时间将待在高等研究院（普林斯顿）。”

1946 年 9 月的一个早晨，华罗庚与曾昭抡、孙本旺、唐敖庆、朱光亚、李政道、王瑞骁一行七人，从黄埔江畔，登上了

“美格将军”号轮船，在呜呜的汽笛声中，怀着无比的惆怅，告别了自己的亲友，向着大洋的彼岸驶去。

巧合的是，在这艘赴美的船上还有一位大名鼎鼎的人物——冯玉祥。一天，当华罗庚他们几人正在探讨问题时，一位侍卫模样的人突然走来，问：“谁是华罗庚？”正当华罗庚一头雾水应声站起来时，这位侍卫指着自己身边的人说：“这位就是冯玉祥将军，他听说你在船上，特地从上面走下来看您来了！”

一阵寒暄后，冯玉祥与华罗庚展开了亲切的交谈，同时表达了对这位数学天才的无限敬佩。据说，会见后冯玉祥曾表示：“华罗庚很年轻，很清瘦，这是蒋介石的罪过，把科学家搞得这么瘦！”还说：“华罗庚的吃苦精神和非凡天才，都可以从他身上看出来。”

看到华罗庚虽然一拐一瘸，却能被美国请去讲学，一种自豪感油然而生，他说：“中华民族如果有成千上万个华罗庚、翦伯赞这样的自然科学家和社会科学家涌现出来，我们民族就可以奋发有为，对世界文明做出重大贡献了！”

旅居美国

从1947年开始，华罗庚到美国普林斯顿高等研究院做研究工作，又在普林斯顿大学数学系教授数论课。当时，普林斯顿高等研究院可谓是盛极一时，它是世界上最著名的学府之一，学术氛围非常浓厚。华罗庚在这里，很快适应了环境，并展开了科学研究工作。好友徐贤修回忆：“这时他已是著作等身的学者，但用功之勤，远胜青年学者，而工作领域又非常之广。笔者1947年正在该高等研究院研究，目睹种种，对他的治学精神钦敬之至。”钱临照回忆：“我去普林斯顿高等研究院，见到华罗庚常常作学术演讲，讲他的新结果。”

在普林斯顿大学，在华罗庚身上还发生了一件非常值得高兴的事情，那就是他治好了他的腿病。徐贤修回忆：“华先生十七八岁时，患过一场伤寒，因卧床太久，大腿骨与骨盆间长一肉瘤。到清华时因此痼疾，行步既不美观，又极费力，因家贫不曾动过手术。”来到美国后，“各大学纷纷请他演讲，在麻省理工大学时，该校算学教授勒文荪建议并介绍他的好友，霍浦金大学医学院的一位名外科医师为华先生施行手术，割治痼疾。我听到消息到巴城去探望，那正是动手术的前一天，他已住进医院，因为他的家属均不在场，可由友人签字，所以我负责代为签字。第二天医生花了四小时以上的手术时间，竟使十八年痼疾一旦去除，左足也伸直了，真可谓巧夺天工。在手术后一小时，虽经看护多次呼叫，未见华先生清醒，十分着急。原来美国人不知华（hua）字拼音怎样念，就 Mr. Ha，Mr. Hu，Mr. Hou 乱喊一气，难怪病人不懂、无从反应了。后来护士让我叫他试试，他一听到中国人的声音就醒了，也算一段趣事了”。

以往腿瘸时，华罗庚走路特别吃力，妻子吴筱元看在眼里，疼在心里，却没办法替他分担丝毫，得知华罗庚的腿病治好后，吴筱元真是高兴极了。报载：“前两天记者看到华夫人时，正当她小病，但她一开口便说出华先生跛腿治好的消息：‘他的腿在美国治好了！’”她还拿出一张华罗庚治好病后散步拍的照片给记者看：“你看，这是华罗庚离开医院后散步时拍的，两腿可以靠拢了，以前是不能的，以前走路左腿都要吃力地绕个大圈子，全身扭得不成样子，现在好了，只是左腿略为割短了些，穿跟高一点的鞋就成。”

朋友冯荒说：“华罗庚这次在美国毅然割治，是他许多医界朋友都认为有把握时方开刀的。在去年四月十三日进的医院，次日开刀，过程很顺利，只是在吊床上睡了半个月不准动，精神和肉体都受了些痛苦。同时，从没有损伤的右腿上取了一块好肉换到左边坏腿上，这样，一直在医院里住了四个多月，左大腿弯曲部分终于纠正后才出来。为了活动筋骨，听从医生的话，现在他又开始学游泳，每天故意多走许多路。”

在美国的几年时间里，华罗庚丝毫没有停止他的科研工作。据说，刚到美国时，有人建议让他不要再研究解析数论，因为这一套在美国不流行了，应改改研究方向，去研究代数。但华罗庚依然“我行我素”，继续他在西南联大的研究领域，继续从事对矩阵方法的研究，还对维诺格拉多夫的中值公式作了重要的简化、改进与应用。在美国期间，华罗庚收获最大的是关于体论的研究。

自从哈密顿发现第一个非交换的可除代数的例子四元素体以来，直到 20 世纪上半叶，人们对可除代数进行了大量研究，积累了丰富的成果，而无限维代数，即“体”，却被忽略了。直到 1950 年左右，华罗庚以极其简单而直接的方法，接连证明了体论方面几个惊人的定理：一是体的半自同构必为自同构或反自同构；二是任何将特征 $\neq 2$ 的体上的一维射影直线映射到自身的一一变换，如果保持调和关系不变，则必为一个自同构或反自同构诱导的半线性变换。

1956年,他的证明被奥地利数学家阿廷写进了他的专著《几何与代数》中,还将华罗庚的证明结果评为美丽的"华氏定理"及精致的应用。

1949年,华罗庚还进一步证明了"体的每一个真正规子体均包含在它的中心之中"。美国数学史家贝特曼用莎士比亚名著《罗密欧与朱丽叶》中的诗句"没有一口井那么深,也没有教堂门那么宽,像茂丘西奥的伤口一样致命呀"来高度赞扬华罗庚的成就。

1950年,华罗庚还证明了关于体的乘法群结构的一条重要定理:"如果一个体不是域,则它的乘法群不是亚阿贝尔群。"据说华罗庚之所以研究体的半自同构问题,主要是因为美国数学名家卡普兰斯基的一次请教。卡普兰斯基对这个问题研究了很久,虽然得到了结果,但证明过程非常复杂,于是,他就对华罗庚说:"你能不能将我的漂亮定理的证明加以简化呢?"听完这句话后,华罗庚有点不高兴,他心想:我何必吃你的残羹剩饭,而不去完全解决这个问题?于是,他对这个问题展开了专门研究,最后终于解决了这个问题。他的证明结果非常简洁,写出来还不到两页。芝加哥大学盛意邀请他去就这个题目演讲,如果是别的教授去的话,将问题阐述清楚需要一个小时，但华罗庚详细地将证明过程讲出来，总共花了不到一刻钟，真是让美国人大开眼界！

像这样有意思、令美国人惊讶不已的事情非常多，华罗庚自己就说过一个故事。一位美国数学家遇到一个数学难题，久思不得其解，他开玩笑地说："谁帮助我解决这个问题，我将请他吃无穷多餐饭。"当别人告诉华罗庚这个问题后，他边吃晚饭边思考，饭后就有了解决问题的方法。于是，他立刻打电话给这位朋友，从此，就有了"一顿饭的工夫解决了一个问题"的佳话。

在美国期间，美国数学家对华罗庚的天才和成绩赞不绝口。其中一位名叫斯泰芬·萨拉夫的美国作家这样写道："在这些年里，与华罗庚相识的美国数学家们，对他那清晰而直接的数学方法，他的知识深度和他的天才，有了更深的印象。他的兴趣扩大到了包括多复变理论、自守函数和矩阵几何。活跃的数学家们对华罗庚给他们的艺术所创造的丰富多彩、有力的贡献是十分熟悉的，因为他们天天都运用他的研究成果。我对微分几何学家和代数学家提起华罗庚的名字时，所有这些数学家们全都明白了。一位群论学家听到我提华罗庚的名字，他说，我们有一个有名的关于同构的定理，叫做'华氏定理'，那必定是同一个华氏！"

这位美国作家还转述美国数学界对华罗庚的评价说：“一位认识华的数学家狄锐克·莱麦尔告诉我，华有抽取抓住别人最好的工作的不可思议的能力，并且能确切地指出他们的结果中，哪些是可以改进的。他也有自己的许多窍门，他广泛阅读并掌握了二十世纪数论的所有至高观点，他的兴趣是改进整个领域，他试图推广他所遇到的每一个结果。他的工作在某些方面很像L.舒尔，甚至是诺伯特·魏诺尔，这两人在数论上有很多贡献，同时也扩展到其他领域。”

7. 回到新中国

我之所以来美国，是因为当时国内科学家无用武之地。现在，国家的发展需要科学，我情愿和同胞们站在一起克服困难，而不希望站在世外。

回国

1948年春，华罗庚应伊利诺伊大学之聘，任正教授。此时，华罗庚决定将妻子吴筱元和孩子接到美国来团聚。这时华罗庚来美国才一年多，治疗腿疾花了很多钱，本来可以等经济稍微好点了再接他们来，但是国内形势非常紧张，华罗庚也就无暇多考虑了。在普林斯顿的时候，有个朋友告诉他，全中国的解放已成定局，蒋介石在即将崩溃之际，有可能会把一些社会名流及其家眷弄到台湾去。听到这个消息后，华罗庚非常担心，想来想去，在经济十分困难的情况下，他借钱迅速地给妻子和孩子办了护照，希望他们能尽快来到美国。但他的女儿华顺这时已经加入了共产党，坚决不愿意跟随母亲去美国，吴筱元也就不再勉强她。在母亲临走时，华顺还不停地嘱咐母亲说："希望爸爸在解放战争结束后，早一点回来！"

全家人在美国的生活非常惬意，伊利诺伊大学给华罗庚的待遇非常优厚，住在一幢舒适的洋楼里，每天还有崭新的"顺风"牌小汽车接送着上下班。虽然生活得无忧无虑，但华罗庚并不感觉如意，他还惦念着祖国，祖国的任何变化都牵动着他的心，都能引起他的关注。那时候，他每天都必读《华侨日报》和《大公报》，来了解万里之外的祖国的消息。

有一年圣诞节，在美国的中国教师也举行联欢会庆祝。在会上，华罗庚发表了新年致辞，他说：“诸位，我们大家来到美国，并不准备久居。当初，是因为在国内科学家无用武之地我们才出来的。现在，国内要民主，要科学的呼声越来越高，我情愿和同胞们站在一起克服困难，而不希望站在世外。我认为，这是我们作为一个中国人应尽的义务，争取逐步改善环境。因此，如果谈希望的话，希望回国和苦兄弟在一起，把祖国建设好！”

平时，在跟美国的朋友聊起中国的数学研究时，他说：“中国是一个大国，也是一个伟大的国家，为什么我们的数学总是这样落后呢？我们一定要赶上去。而且，我想我们能够赶上去。”对于祖国的科学研究，华罗庚有着强烈的自信心。

严东生回忆：“华罗庚在伊利诺伊大学期间，经常与‘左派’学生一起，在他的家里聚会，他们密切注意国内形势与战争的进程。”又据王时风回忆，华罗庚“对于延安撤守的消息是十分心焦的”，“听到刘邓大军挺进大别山的讯息，他心境变舒畅了。在通信中，渴望知道更多的解放大军的进程”。

可见，华罗庚的心早就向共产党靠拢了。

1949 年的一天，华罗庚拿着一封信，兴高采烈地从外面回到家里，一边走一边说："筱元，华顺来信了！她说祖国解放了，叫我们快回去！"华顺在信中对新中国作了详细的介绍，并说到新中国的建设需要一大批爱国的科学家参加，华罗庚坚决地告诉吴筱元，要尽快回到祖国。从此，他就开始积极准备回国事宜。

为什么华罗庚这么期盼着回到祖国的怀抱？1963 年 10 月 5 日，他在《人民日报》上发表了一篇题为《春风吹拂换人间》的文章，详细地描述了自己的心情，他说："到了美国，生活是有所改善了，但是社会关系却是道道地地的买卖关系。金钱第一，什么第二，我却说不上来。歧视黑人，固为人所共知。但黄人、犹太人、希腊人、意大利人，也都在被歧视之列。上铺子去买条裤子，店员拿出粗货，当你请他拿细料的时候，他会悻悻然地对你说：你们黄人穿这种料子正合适，在洗衣作里耐磨经穿。是的，在他们心目中的黄人，不是洗衣作的佣工，就是中国饭铺的厨师……人老珠黄不值钱，教授也不例外。"

沙拉夫在《华罗庚传》里写道："华罗庚和钱学森是散布在各地的那些决定回到中华人民共和国的中国知识分子中

的两个。他们中间的活动分子组成了回国学生和教师小组，其他对政治较不感兴趣者，亦为中国终于有了一个真正的政府，它能终止毁灭性的混乱与通货膨胀，并能终于统一了国家而高兴。而且，如同我从一些有思想的青年数学家那里了解到，如果不是全部的话，绝大多数在国外的中国学者都饱尝了孤独，而且对他们国家的新生与成长怀有强烈的感情。”

美国社会的种族歧视，以及不同文化背景带来的孤独感，使得华罗庚心心牵挂着祖国大陆，当听说中国共产党统一了全中国，他相信在和平统一的环境下，科学发展的春天定会到来，他也想为中国的数学赶超世界水平做出自己的贡献。华罗庚曾经写道：“幸而党的领导进入了我在美国的书斋，使我能较早地回到祖国的怀抱。”回国的念头不是一朝一夕之间产生的，其实，早在华罗庚出国前，他已经多次表示过，他的出国实属不得已，一旦国内局势澄清，他将立即返回。

在离开美国之前，他将自己的决定跟一些朋友谈起过。徐贤修回忆：“伊利诺伊大学对他非常礼遇，除聘请他外，还可以由他选择两位杰出青年代数学家，使伊大成为研究代数的中心。他接受了聘约，接了他的夫人与三个儿子来团聚，算是他平生第一次过着恬静的生活。不意 1950 年他决意要全家回大陆去，伊大设法挽留他，甚至于有‘你先回去看看，你的孩子由伊大照料’的建议，但是华先生怀着一种‘中国人应当站起来’的心情，举家成行了。我与华先生是道义之交，当时只觉得‘人各有志’，不必多言了。”陈省身回忆：“1950年，华罗庚决定回国服务，我那时在芝加哥。他走之前，我们相聚了多次，谈到很多，有科学的问题，也有政治的问题及大家如何作出决定的问题，他回国服务之心比任何人都坚强，1950年他回国了。”萧传文回忆：“华罗庚在来信中透露了他想回国服务，觉得教育洋人子弟，远不如教导祖国青年来得有意义。字里行间，颇多感触。”曾担任过清华大学校长的梅贻琦与华罗庚感情非常好，当时他也在美国，华罗庚回忆说：“1950年我回国，在芝加哥途中，清华同学会给我送行。梅先生说了一句名言‘大学者，不是有大厦，而是有大师之为也’鼓励我，所以在我回国后，就去清华当一名普通教授。”

回国之心非常坚决，回国却并不容易。众所周知，中国航天之父、“两弹一星功勋奖章”的获得者之一钱学森当年想回国时，就被美国千方百计地阻挠，甚至还将他拘禁起来，失去了自由，在被监禁了五年之后，钱学森才回到日夜想念的祖国。

华罗庚也做好了思想准备，如果阻拦他回国，他们就先去欧洲，再从苏联回国。后来，他想到一个办法，以到英国讲学为名，设法弄到全家去香港的船票，然后再转回中国内地。为了使美方相信他还会回来，他连半年的工资都没要。但在离开美国之前，他预付了钱给美国数学会，要他们将《数学评论》《数学学报》等美国数学会的几种数学杂志按时寄给他。这些杂志对于他以后的研究工作帮助非常大，特别对中国科学院数学研究所的建立起到了很大的作用。

轮船到达香港后，当别人都忙着探亲访友、买东西时，华罗庚却关起门来，谢绝一切客人的拜访，写下了《致中国全体留美学生的公开信》。通过这封信，华罗庚表达了自己对祖国深沉的热爱和为祖国的发展贡献终身的坚定决心。

梁园虽好，非久留之乡，归去来兮

1950年3月11日，新华社向全世界播发了华罗庚致中国全体留美学生的公开信。他在信中说：

朋友们：

不一一道别，我先诸位而回去了。我有千言万语，但愧无生花之笔来一一地表达出来。但我敢说，这信中充满着真挚的感情，一字一句都是由衷心吐出来的。

坦白地说，这信中所说的是我这一年来思想战斗的结果。讲到决心归国的理由，有些是独自冷静思索的果实，有些是和朋友们谈话和通信所得的结论。朋友们，如果你们有同样的苦闷，这封信可以做你们决策的参考；如果你们还没有这种感觉，也请细读一遍，由此可以知道这种苦闷的发生，不是偶然的。

让我先从大处说起。现在的世界很明显的分为两个营垒：一个是为大众谋福利的，另一个是专为少数的统治阶级打算利益的。前者是站在正义方面,有真理根据的;后者是充满着矛盾的。一面是与被压迫民族为朋友的,另一面是把所谓“文明”建筑在不幸者身上的。所以凡是世界上的公民都应当有所抉择:为人类的幸福,应当抉择在真理的光明的一面,应当抉择在为多数人利益的一面。

朋友们如果细细地想一想,我们身受过移民律的限制,肤色的歧视,哪一件不是替我们规定了一个圈子。当然,有些所谓“杰出”的个人,已经跳出了这圈子,已经得到特别“恩典”,“准许”“归化”了的,但如果扪心一想,我们的同胞们都在被人欺凌,被人歧视,如因个人的被“赏识”,便沾沾自喜,这是何种心肝!同时,很老实地说吧,现在他们正想利用这些“人杰”。

也许有人要说,他们的社会有“民主”和“自由”,这是我们所应当爱好的。但我说诸位,不要被“字面”迷惑了,当然被字面迷惑也不是从今日开始。

我们细细想想资本家握有一切的工具——无线电、报纸、杂志、电影,他说一句话的力量当然不是我们一句话所可以比拟的;等于在人家锣鼓喧天的场合下,我们在古琴独奏。固然我们都有“自由”,但我敢断言,在手酸弦断之下,人家再也不会听到你古琴的妙音。在经济不平等的情况下,谈

“民主”是自欺欺人,谈“自由”是自找枷锁。人类的真自由、真民主,仅可能在真平等中得之;没有平等的社会的所谓“自由”“民主”,仅仅是统治阶级的工具。

我们再来细心分析一下:我们怎样出国的?也许以为当然靠了自己的聪明和努力,才能考试获选出国的,靠了自己的本领和技能,才可能在这儿立足的。因之,也许可以得到一结论:我们在这儿的享受,是我们自己的本领;我们在这儿的地位,是我们自己的努力。但据我看来,这是并不尽然的,何以故?谁给我们的特殊学习机会,而使得我们大学毕业?谁给我们所必需的外汇,因之可以出国学习?还不是我们胼手胝足的同胞吗?还不是我们千辛万苦的父母吗?受了同胞们的血汗栽培,成为人才之后,不为他们服务,这如何可以谓之公平?如何可以谓之合理?朋友们,我们不能过河拆桥,我们应当认清:我们既然得到了优越的权利,我们就应当尽我们应尽的义务,尤其是聪明能干的朋友们,我们应当负担起中华人民共和国空前巨大的人民的任务!

现在再让我们看看新生的祖国,怎样在伟大胜利基础上继续迈进!今年元旦新华社的《新年献词》告诉我们说:“一九四九年,是中国人民解放战争获得伟大胜利和中华人民共和国宣告诞生的一年。这一年,我们击破了中外反动派的和平攻势，扫清了中国大陆上的国民党匪帮……解放了全国百分之九十以上的人口，赢得了战争的基本胜利。这一年，全国民主力量的代表人物举行了人民政治协商会议，通过了国家根本大法共同纲领，成立了中央人民政府。这个政府不但受到全国人民的普遍拥护，而且受到了全世界反帝国主义阵营的普遍欢迎。苏联和各人民民主国家都迅速和我国建立了平等友好的邦交。这一年，我们解放了和管理了全国的大城市和广大乡村，在这些地方迅速地建立了初步的革命秩序，镇压了反革命并初步地发动和组织了劳动群众。在许多城市中已经召集了各界人民代表会议。在许多乡村中，已经肃清了土匪，推行了合理负担政策，展开了减租减息和反恶霸运动。这一年，我们克服了敌人的破坏封锁和严重的旱灾、水灾所加给我们的困难。在财政收支不平衡的条件下，尽可能地进行了恢复生产和交通的工作，并已取得了相当成绩……中国是在迅速地进步着，一九四九年的胜利，比一年前人们所预料的要大得多，快得多。在一九五〇年，我们有了比一九四九年好得多的条件，因此我们所将要得到的成绩，也会比我们现在所预料的更大些、更快些。当武装的敌人在全中国的土地上被肃清以后，当全中国人民的觉悟性和组织性普遍地提高起来以后，我们的国家就将逐步地脱离长期战争所造成的严重困难,并逐步走上幸福的境地了。”

朋友们:梁园虽好,非久居之乡,归去来兮!

但也许有朋友说:“我年纪还轻,不妨在此稍待。”但我说:“这也不必。”朋友们,我们都在有为之年,如果我们迟早要回去,何不早回去,把我们的精力都用之于有用之所呢?

总之,为了抉择真理,我们应当回去;为了国家民族,我们应当回去;为了为人民服务,我们应当回去;就是为了个人出路,也应当早日回去,建立我们工作的基础,为我们伟大的祖国的建设和发展而奋斗!

朋友们!语重心长,今年在我们首都北京见面吧!

一九五〇年二月归国途中

8. 伟大的爱国数学家

◎ 现在,进入了新的时代,从此自己可以大展拳脚,投身到热爱的祖国的建设中,去开创另外一片天空!

重回清华园

1950年3月16日，华罗庚从香港乘火车抵达了北京，他终于实现了自己的愿望：回归祖国，报效祖国。

从1946年9月应美国伊利诺伊大学之聘前往讲学，到重归祖国的怀抱，整整过去了三年半的时间。出国之前，他就不止一次地提到，如果有一天他的梦想实现了，他一定会再回来的。但是，对于有些人来说，他们始终不能理解华罗庚深深的爱国之情。一位美国教授曾经评论说："华如果留在美国，他将更好地从事数学研究，发表更多的论著。总的来说，他定将更好地超脱一些。"也有的人对华罗庚的选择表示理解和认同，他们说："华从国民党转向共产党，无疑是基于他希望参与发展中国数学的强烈愿望，以及他认识到共产党将支持这种发展……但他回国对中国数学十分重要，很难想象如果他不回国中国数学会怎么样。"

在火车站，女儿华顺和周培源、钱伟长早早地就在那里等候着，看到他们走下火车，马上迎了上去，他们紧紧地握住了华罗庚的手，激动地说："非常欢迎你！我们读过了你的

《公开信》，写得太好了，定会有更多海外学者回来参加建设。”

1950年3月27日，中国各大城市的报纸在醒目的地方刊登了一条新闻：闻名全世界的我国数学家华罗庚教授，已于本月16日自美国返抵首都北京，并已回清华大学任教。华氏系于1946年应美国伊利诺伊大学之聘，前往讲学。华氏回到清华大学以后，受到该校学生的热烈欢迎。华氏在回国途中曾发表一封给中国留美学生的《公开信》，号召留美学生回国为伟大的祖国建设和发展而努力。

回国后，华罗庚仍回清华大学执教，他的家也安置在清华园。重新走上清华的讲坛，他讲授了这几年的研究心得《典型群论》。重回清华园，华罗庚的心情异常激动和兴奋，想想以往在清华的时光，仿佛还像昨天一般。那时，多亏了熊庆来教授的极力邀请，自己才能从小小的金坛来到清华。从“半时助理”开始，自己一次一次被破格提拔，以初中学历被聘请为“助教”；后来，杨武之教授力排众议，将自己破格提升为教授，可谓连升三级……一晃十几年过去了，华罗庚真是感慨颇多：“现在，进入了新的时代，从此自己可以大展拳脚，投身到热爱的祖国的建设中，去开创另外一片天空！”

1950年4月12日，华罗庚怀着愉快的心情写信给维诺格拉多夫，信中称：“我非常高兴地告诉您，我已辞去我在美国伊利诺伊大学的教授职务，现在已在为我的祖国服务了。我又重新担当起了位于中国北京的清华大学教授职务。”

华罗庚信心满满，准备在清华大学努力工作，以培养更多有才华的数学明星。早在苏联参观时期，华罗庚就对苏联先进的教育理念和教育方法欣羡不已，现在，他担负了教育祖国下一代的任务，这是他大展拳脚的好机会。但是，一个更重要、更紧迫的任务降到他的身上：重新筹建中国科学院数学研究所。

中国科学院数学研究所

中国科学院数学研究所的前身为国民党统治时期的“中央研究院”数学研究所。早在 1928 年,“中央研究院”数学研究所就成立了,但直至 1941 年 3 月,才在西南联大成立了数学研究所筹备处,姜立夫被任命为主任。当时,数学研究所筹备处共聘请了五个专任研究员:姜立夫、陈建功、华罗庚、陈省身、李华宗。到 1948 年,国内最优秀的数学家,或专任,或兼任,几乎都在数学研究所受聘过。专家们的研究领域非常广泛,涉及数论、抽象代数、复分析、傅里叶分析、级数论、微分几何、拓扑学与数理统计等,均属纯粹数学范畴。

创立之初,姜立夫主任十分注重加强资料设备建设,他说:“本所筹备处之首要任务在于搜买欧美各国之专门期刊与专家著述。”为了节省一切开支以购买图书,姜立夫建议“筹备处设主任与秘书,均定为不支薪之名誉职,其余事务员等,一切从简,所省经费,全为购书之用”。陈省身回忆:“筹备期间,研究人员均为兼任,均不支薪。从筹建之初到建所之后,协助我的有管理员梁国和先生,原在昆明工作。梁先生总理一切行政、财务、文书等工作。三年内数学研究所未有其他行政人员。”1946 姜立夫出国进修,陈省身为代理所长。1949 年,国民党到台湾,数学研究所也随之迁往台湾,但该所的图书资料整理处并没有迁到台湾,这批重要的资料,为中国数学发展起到了重要作用。后来,数学研究所所长姜立夫很快返回大陆,与数学研究所的其他 12 名青年人留在大陆工作,他们成为大陆数学事业的一批骨干与学科带头人,为新中国数学研究做出了卓越的贡献。

1949 年 11 月 1 日,中国科学院正式成立。1950 年 6 月 25 日,科学院召开了第一次院务会议。周恩来与朱德应邀参加。朱德指出:“目前我们的任务是应当不分领域,通力合作,有计划地配合国家经济建设的需要,进行各种专门研究。同时把过去那种不为人民利益着想的观念彻底改变过来,使科学成为服务于人民而不是危害人民的知识。”1951 年 3 月 5 日由周恩来签署的《政务院关于加强科学院对工业农业卫生教育国防各部门的联系的指示》中指出:“各部门所举行的各种专业会议,凡与科学研究有关者,应邀请科学院派人参加，并将会议内容尽早通知科学院，使有时间加以研究，并在会上提出意见……科学院应注意有系统地调查各生产部门对科学研究的需要，并力求使自己的和全国科学研究人员的工作计划适应这种需要。为了这个目的，科学院得在必要时召集全国科学研究人员会议，宣布全国科学研究工作的任务，并要求各有关部门的协助。”

在中央精神的指示下，数学研究所筹备处成立，苏步青任主任委员，华罗庚、周培源等四人任副主任委员。数学研究所筹备处最开始设在北京文津街，1951 年秋迁入清华园内，到 1956 年冬末，又迁至“西苑大旅社”，直至 1958 年，数学研究所最终迁入中关村。

在筹备处里华罗庚虽然为副主任委员，但是在日常工作中，他已经是主要负责人了。1951 年，政务院第69 次政务会议通过任命华罗庚为中国科学院数学研究所所长。

1952 年 7 月 26 日，中国科学院颁发了文件：

中国科学院 1952 年 7 月 26 日文件

本院数学研究所筹备处自七月份起取消筹备处名义正式成所，并已经政务院第六十九次政务会议通过，任命华罗庚先生为所长。华先生的工资，自 8 月份起由本院全数发给，至其在清华大学担任的教学工作，仍不改变，除已函知教育部清华大学外，特此函请查照。

中国科学院

数学研究所刚刚成立时，华罗庚就十分注意广泛地网罗人才，研究领域涉及基础理论研究和应用数学研究。他这一做法在当时看来是非常大胆的，也是意义深远的，为中国全面发展数学奠定了坚实的基础。因为当时数学界对数论的理解很肤浅，往往说“数论是不联系实际的”“微分方程与概率统计是联系实际的”等，用“贴标签”的办法，简单地将数学分支划分成联系实际与不联系实际两类，认为联系实际的要优先发展，不联系实际的暂缓发展，但华罗庚并没有受到这种狭隘肤浅的思想的影响。1953 年秋，他成立微分方程与数论两个组，两方面同时发展，做到并驾齐驱，不偏颇任何一方。对于其他研究人员的工作和研究领域，华罗庚给予充分尊重，支持他们各自的研究工作，不简单地根据实用与否判定其价值高低。

他还从全国各高等学校招收了一批年轻的科研教学骨干，向他们系统地讲授了偏微分方程。这一讲习班对于在中国普及偏微分方程基本知识及推动偏微分方程的研究工作起到了重要的作用。

在华罗庚任所长期间，他决定出版两套专刊丛书，一种是由个人系统的研究工作总结而成的专著，一种则是对某一数学领域系统的介绍，其目的在于使很多后继的研究工作者可以较易地进入这一研究领域。另外，华罗庚将他的《堆垒素数论》从俄文译成中文，并根据俄文版出版后的进展，作了改写与补充。在“序言”中，华罗庚写道：“我改写了几章，特别是第五章，我把维诺格拉多夫院士在1942年到1947年进一步的创造性的工作及著者1947年的工作包括进去。”通过这些工作，华罗庚展现了其发展中国数学的强烈愿望。

那时的中国，由于跟苏联社会性质相同，全国掀起了学习苏联的高潮，有的单位甚至高喊停止向西方学习的口号，连西方重要的学术杂志也不再订阅。的确，当时苏联的数学研究处于世界先进水平，可是华罗庚依凭对世界数学的整体了解，以及一贯的治学严谨的态度，始终坚持在学术上一视同仁：既学习苏联的数学，同时也学习西方的数学。他这一高屋建瓴的认识，使我国数学界能够以正确的态度对待学习苏联的问题。

值得一提的是，华罗庚不仅自己心系祖国，还希望那些优秀的同僚也能够回国贡献自己的力量，所以每逢过年，他都会借赠送贺年卡的机会，争取仍留在美国的中国数学家回国工作，特别是他的老朋友陈省身、徐贤修等人。

“三反”与思想改造运动

新中国成立后，从1951年年底开始开展了“三反”运动。“三反”运动是指在中国共产党和国家机关内部开展的“反贪污、反浪费、反官僚主义”的运动。新中国成立后，由于相关制度不甚完善，党政军机构、人民团体和经济部门中滋长着贪污、浪费、官僚主义的现象。这不仅给经济建设事业造成了重大损失，也严重地从政治上和思想上腐蚀了少数干部，败坏了党和政府的形象。所以，开展全国规模的反贪污、反浪费、反官僚主义运动，肃清资产阶级的腐化影响，在当时是非常有必要的。

与此同时，从1951到1952年，在中国各高等院校中又开展了“思想改造”运动。中华人民共和国建立初期大约有200多万知识分子。广大知识分子爱国热情很高，大多学有所成的知识分子留在大陆迎接解放，参加祖国建设。知识分子学习热情也很高，他们要求了解新社会，了解中国共产党，了解马列主义、毛泽东思想。但是,他们大多出身于剥削阶级家庭,长期受封建主义、资本主义的教育,在思想上难免留下旧社会的烙印。为帮助他们摆脱剥削阶级世界观的束缚,树立为人民服务的思想,共产党在知识分子中广泛组织了马列主义基础知识的学习和党的方针政策的学习,以及中国共产党的历史和理论的学习,采取各种方式对知识分子进行思想教育。比较集中的思想改造学习运动则是从 1951 年 9 月下旬在北京、天津的高等学校教师中首先开始的。9 月 29 日,周恩来总理受中央委托,向两市高校教师学习会作了《关于知识分子的改造问题》的报告。同年 11 月 30 日,中共中央发出《关于在学校中进行思想改造和组织清理工作的指示》,要求在学校教职员和高中以上学生中普遍开展学习运动,号召他们认真学习马列主义、毛泽东思想,联系实际,开展批评和自我批评,进行自我教育和自我改造;并指出这次运动的目的,主要是分清革命和反革命,树立为人民服务的思想。

“三反”运动和思想改造运动,是中国科学院建院以来的第一次大规模的政治运动,这两个运动在科学院差不多是同时进行的。

其实,在新中国成立初期,科学家普遍爱国热情高涨。

就拿华罗庚来说，他放弃在美国的优裕生活，毅然回到经济落后的祖国，正是热爱祖国、报效祖国的鲜明体现。在1951年2月10日的一篇文章里，华罗庚写道：“从前帝国主义者不但在经济上剥削我们，在政治上奴役我们，使我国变成半殖民地、半封建的国家；同时，又从文化上——透过他们所办的教会、学校、医院和所谓慈善机关——来打击我们民族的自尊和自信。政治侵略是看得见的，是要流血的；经济侵略是觉得着的，有切肤之痛的；唯有文化侵略，开始是甜蜜蜜的外衣，结果使你忘却了自己的祖先而认贼作父。这种侵略伎俩的妙处在不知不觉之中，有意无意之间，潜移默化地使得我们自认为事事落后，凡事不如人。无疑地，这种毒素将使我们忘魂失魄，失却斗志，因而陷入万劫不复的境地……实际上我们祖国伟大人民在人类史上，有过无比睿智的成就，即以若干妄自菲薄的人认为‘非我所长’的科学而论，也不如他们所设想的那么空虚，那么贫乏……现在就我所略知的数学，提出若干例证，请读者用客观的态度，公正的立场，自己判断，自己分析，看看我们是否如帝国主义者所说的‘劣等民族’，是否如若干有自卑感的或中毒已深的人所说的‘科学乃我之所短’。”这些话字里行间充满着华罗庚对祖国、对人民的爱，和对帝国主义的恨。

思想改造运动在知识界展开后，那些有名望的著名科学家成为首当其冲的改造对象。华罗庚在数学界的名望非常高，所以自然也避不开这场运动。改造主要采取群众斗争的“过关”方式，即面对所有的群众做检讨，华罗庚则需要在数学研究所筹备处与清华大学数学系的联合大会上做检讨，接受情绪高昂的青年教师与学生的质问。主要质问以下几个问题：立场问题（即敌我界限问题），资产阶级思想与学术观点；甚至还有人追查华罗庚建设数学研究所盖房子的经费问题。

在华罗庚接受批判时，在国外的朋友间盛传着“华罗庚‘三反’‘五反’后自杀了”的传闻。当时，有一个留学生恰好回大陆，看到华罗庚后，曾辗转写信告诉那些国外的朋友说：“在芝加哥，大家有花（华）先生自杀传说，那是谣言。”

由于思想改造运动操之过急，要求过高，方式简单粗暴，且缺乏冷静地、科学地、历史地与实事求是地看问题的态度，因此有的科学家检讨三四次也过不了关，伤害了一部分知识分子的感情，产生了一定的消极作用。为此，陈毅向中央请示。后来，中央了解了问题的严重性，并指出“北京科学院各研究所的思想改造运动，已决定一般不用群众斗争的‘过关’方式。对大多数研究员只用检讨会形式，由检查者在副研究员以上人员组成的小组会议上做检讨报告，由别人对他提意见，做到认真严肃，本人接受批评即可。”这一指示发出后，绝大部分科学家都得到了解脱。华罗庚也就这样完全解脱了。

儒雅的数学大师

1953年，为了全面学习苏联，中国科学院组织了由26人参加的中国科学院访苏代表团，由钱三强任团长，张稼夫任党支部书记，代表团员中包括华罗庚、张钰哲、赵九章等人。

在北京前往莫斯科的长途火车上，踌躇满志的科学家们谈笑风生，说说笑笑。华罗庚突然诗兴大发，他建议大家说："各位，我们来对诗好不好？"

"这主意太好了！"有人应声道，"你先出上联吧！"大家齐声欢呼，并鼓掌欢迎。

华罗庚笑眯眯地思索了片刻，突然有了灵感，一句诗脱口而出："三强韩赵魏"，并征求下联。

这里，他的上联巧妙地用上了钱三强的名字。这个对联非常难对，按照中国对联关于对称性的惯例，上联首字是数字，下联的首字也应是数字，这就是著名的"数字联"，属于著名的难对的一类。而且"三强"不仅指的是战国时期韩、赵、魏三个强国，又是一位代表的名字，那下联也应出现代表团团员的名字。其实早在北宋年代，我国文学史上就出现过类似的“数字联”，有人给苏东坡出了一个非常难对的对联，上联是“三光日月星”，苏东坡对以“四诗风雅颂”。到了清代，一位友人送给著名书法家郑板桥一副对联，他打开上联一看，写的是“三绝诗书画”。郑板桥是一位能诗、善画，同时书法水平又非常高的大家，这位朋友以“三绝诗书画”来形容郑板桥，的确非常合适。郑板桥再看下联：“一官归去来”。“归去来”引用了陶渊明《归去来兮辞》的典故，陶渊明通过此文表达了自己厌恶官场、归隐田园的志趣，郑板桥的诗、书、画也表现了其隐逸的品格。这副对联可谓是十分精当地表现了郑板桥杰出的才华和高洁的品格。

华罗庚的这副对联可把大家给难住了，大家冥思苦索，不得其解。最后还是华罗庚自己给出了解答。他用代表团中赵九章的名字给出了下联：“九章勾股弦”。他的语音刚落下，大家齐声高呼，惊叹其构思太巧妙了。原来，下联中的“九章”，是我国古代有名的数学著作，这本书首先记载了我国数学家发现的勾股定理，这个定理，在西方被称为毕达哥拉斯定理。而且，“九章”还是代表团中另一位成员、大气物理学家赵九章的名字，这就对应了上联中“钱三强”的名字。华罗庚的这则妙对，至今仍在中国科学界中传为美谈。

来到苏联后，代表团在苏联停留三个月，需要着重了解苏联科学的现状及发展方向、中苏两国间的科学交流等。他们参观访问了位于莫斯科的科研机构和教育机构，彼此深入地交换了意见。自此以后，中苏间的学术交流大大地加强了。不仅苏联的图书、设备大量地向中国出口，而且苏联科学家也频频来华访问，并先后派出柯夫达与拉扎连柯任中国科学院总顾问，中国的青年研究人员成批地被派往苏联进修，这为中国科学的发展起到了很好的推动作用。

但是，三个月还未到，华罗庚就被电调回国了。自从思想改造运动以后，华罗庚的心中始终有一个疑问，但他不敢告诉别人，那就是：党是否还信任我？当他被委派为中国科学院访苏代表团的一个成员时，他才打消了这个念头。他说："直到 1953 年的春天，我参加了中国科学院的访苏代表团，知道了苏联向中国政府征求意见，是否同意给我斯大林奖金，而中国政府立刻同意（后来因斯大林去世，学术奖金停发），并且电调我回国搞《堆垒素数论》中文版。这时我感激得很，我觉悟到我的怀疑都是错了。"

研究成果大丰收

回国后短短的几年中，华罗庚在数学研究领域获得了许多重要的成就。

从1953年冬开始，华罗庚即亲自负责两个讨论班，一个是“数论导引”讨论班，一个是“哥德巴赫猜想”讨论班。以这两个讨论班为基础，华罗庚和他的学生在数学领域里的研究硕果累累。

“数论导引”讨论班由华罗庚一个人主讲。由于没有参考书，写一本数论方面的专著被提到日程上来了。于是，在教学的过程中，华罗庚先写一个大纲，然后通过讨论，指定一个人负责补充，并将整章完整地写下来，然后由越民义负责总审核，每章完成后，他先过目，再修改补充后交华罗庚最后确认定稿。让学生协助写书，一起参与工作，让学生有一种当家做主的感觉，远比单纯让学生去读一本现成的书要好得多，学生学习得相当投入。华罗庚通过有层次地让学生参与工作，开辟了别开生面的教育法。仅用了两年多时间，全书就写成了，1957年《数论导引》正式出版了。其中录入了不少最新成就,华罗庚自己的一些最前沿的研究结果,如完整三角和估计、塔内问题的研究等,也写进了书内。通过“数论导引”讨论班,参加者对数论的全貌有了很好的了解,对一些基本的数论方法也能够较好地掌握与使用。

《数论导引》的出版,在国际上影响非常大。懂得中文的著名数学家马勒写道:“这是一本有价值的、重要的数论教科书,它是按哈代与赖特,即他们的著作《数论入门》的风格写的,范围却大大地扩充了。本书是用很清楚的简单文言文写的,也可以作为一本很好的数学中文入门书……本书包含了许多最新的结果、有用的表(如二次域表),及为学生而设的习题,它将引导中国学生在数论中做出更多的贡献。”卡塞尔在评述《数论导引》时写道:“当我是一个学生时,哈代与赖特的《数论入门》的第一版引导我进入了数论领域,我总是把这本书作为进入数论各领域的非常唯一的入门书。当华罗庚的书出现时,我的一两个熟朋友曾欢呼,他们可以读到与哈代和赖特的书相提并论的书了。”

《数论导引》自从出版后,具有经久不衰的魅力,在《数论导引》出版 25 年之后,斯普林格出版社仍出版了该书的英文版,该书还是颇为畅销的书。

数论组的另一个讨论主题是“哥德巴赫猜想”。后来,华罗庚谈到自己选择这个主题的初衷时说:“我并不是要你们在这个问题上做出成果来。我的着眼点是哥德巴赫猜想跟解析数论中所有的重要方法都有联系,以哥德巴赫猜想为主题来学习,将可以学会解析数论中所有的重要方法……哥德巴赫猜想真是美极了,现在还没有一个方法可以解决它。”

讨论班采取的形式是每次由一个人主讲,华罗庚等则不停地提问题,务必使得每一点都完全弄清楚为止。华罗庚这种打破沙锅问到底的做法,常常使主讲人讲不下去,长时间站在讲台上思考,这叫做“挂黑板”。他的学生,著名的数学家王元就被他挂过黑板。这是华罗庚独特的教学方法。王元在参加华罗庚的数学讨论时,对筛法产生了很大的兴趣。筛法与圆法一样,是研究哥德巴赫猜想最基本的方法。是王元首先将筛法用于哥德巴赫猜想的研究,并得出了非常重要的结果:每个充分大的偶数都可以表示成至多两个质数的乘积再加上至多 3 个质数的乘积。这是中国学者首次在这一研究领域跃居世界领先的地位,其成果为国内外有关文献频繁引用。此时的王元只有 27 岁。

在负责讨论班期间,华罗庚用写作《数论导引》的方法,和学生通力合作,写出了《指数和的估计及其在数论中的应用》,先是用德文出版,后被译成中、英、俄文出版。又与学生万哲先合写了《典型群》一书,1963 年此书出版。1957 年,写成专著《多复变数函数论中的典型域的调和分析》,获得了国家自然科学一等奖,并先后以中、俄、英文出版。

倾力为国育英才

在加强数学研究工作的同时，华罗庚十分重视数学人才的培养，所以，短短五年过去，数学研究所人才辈出，有越民义、万哲先、王元、陈景润等，他们后来都成了著名的教授，成了我国数学界的带头人和骨干，有些还成为国际上知名的数学家。

对于广大的青年学生，华罗庚倾注了特别多的关心，花了大量的时间来指点他们，培养他们。

为培养青少年学习数学的热情，1956 年开始，华罗庚开始倡导在中国举办中学生数学竞赛活动。1946 华罗庚在访问苏联时，亲眼见到苏联的数学竞赛活动，以及大数学家百忙中抽出时间为中学教师与参赛选手作演讲，这对华罗庚触动非常大。当华罗庚提出仿照这种竞赛模式时，得到了中国数学界的热烈欢迎与支持。于是，北京、上海、天津与武汉四大城市率先举办了中学生数学竞赛活动。最为可贵的是华罗庚从不摆大数学家的架子，没有将中学数学竞赛看成不屑一顾之事，而是事事亲力亲为，出题、监考、阅卷，他都亲自参与。不仅如此，他还走入中学生，跟参赛选手一起做题。1965年，他说："最近全国中学生在进行数学竞赛，和中学生在一块做题是有好处的，一些题好久想不出，而中学生却能想出……要谦虚，实事求是，是懂就是懂，不懂就是不懂。"

华罗庚在竞赛前还向参赛学生、中学教师及一些数学家作普及数学知识的专题报告。这些报告后来作为数学通俗读物出版了，有《从杨辉三角谈起》《从祖冲之的圆周率谈起》《从孙子的"神奇妙算"谈起》《数学归纳法》与《谈谈与蜂房结构有关的数学问题》，这一系列作品在青少年中影响极大。

不仅组织竞赛，华罗庚还花了大量时间撰写文章将自己的学习经验与体会介绍给广大的青年，使他们能够通过自学有所长进。自从华罗庚出名后，社会上有很多人对华罗庚非常崇拜，一些浮夸的宣传将他说成是个"天才"。华罗庚虽然聪明过人，却从不提及自己的天分，他把比聪明重要得多的"勤奋"与"积累"视作开启成功的钥匙，反复教育年轻人。他在《聪明在于学习，天才在于积累》中，语重心长地说："许多有名的科学家和作家，都是经过很多次失败，走过很多弯路才成功的。大家平常看见一个作家写出一本好小说，或者看见一个科学家发表几篇有分量的论文，便都仰慕不已，很想自己能够信手拈来，便成妙谛，一觉醒来，誉满天下。其实，成功的论文和作品只不过是作者们整个创作和研究中的极小部分，甚至这些作品在数量上还不及失败的作品的十分之一。大家看到的只是他成功的作品，而失败的作品是不会被公开发表的……有的同志也许觉得我在数学方面有什么天才，其实从我身上是找不到这种天才的痕迹的。我读小学时，因为成绩不好就没有拿到毕业证书，只能拿到一张修业证书，在初中一年级时，我的数学也是经常补考才及格的……从初中二年级以后，就发生了一个根本转变，这就是因为我认识到既然我的资质差些，就应该多用点时间来学习，别人只学一小时，我就学两小时，这样我的数学成绩就不断得到提高……并且在基本技巧烂熟之后，往往能够一个钟头就看完一篇人家看十天半月也解不透的文章，所以前一段时间的加倍努力，在后一段时间内却收到预想不到的效果。是的，聪明在于学习，天才在于积累。也就是说，勤奋和积累是成果的关键，没有任何人能够不努力就能获得理想的成绩。”华罗庚还经常教育学生要做到“拳不离手，曲不离口”，经常抓住机会学习，挤出一切时间来学习，他说：“时间是由分秒积成的，善于利用零星时间的人，才会做出更大的成绩来。”就像鲁迅先生说的：“时间就像海绵一样，只要你愿意挤，总还是有的。”他还告诫青年：“不轻视点滴工作，才能不畏惧困难，而不畏惧困难，才能开始研究工作。轻视困难和畏惧困难是孪生兄弟，往往出现在同一个人身上……必须知道，只有不畏困难，辛勤劳动的科学家才有可能攀登上旁人没有登上过的峰顶……所谓天才是不足恃的。”

在培养学生时，他还十分注重学习方法的介绍，他指出：“首先应当提出的是不急不躁，细嚼慢咽。一步不懂不轻易走下一步，每一方法都力求运用熟练。读十本八本，不甚了解，反不如把一本书从头到尾读得精通烂熟。所谓烂熟不只是会背会算，而是能掌握基本精神、基本原理，能够灵活运用，并且必须注意它的连贯性，依照深浅，一本一本地学习下去……一言以蔽之，我们必须认识科学知识的积累性。学习科学知识有如筑塔，级级上升，每一级都建筑在以下诸级之上。因之，一级不稳，就筑不上去。其次，必须经常检查自己，不要放弃任何可能复习的机会。第三是学习的顽强性。学习科学时，必须紧紧掌握‘知难而进’的原则。通过不断地克服困难，使‘难’变为‘易’。面对悬崖峭壁，一百年也看不出一条缝来，但用斧凿，能进一寸进一寸，得进一尺进一尺，不断积累，飞跃必来，突破随之。第四，则是学习的兴趣，一个人如果没有学习的兴趣，就没有学习的主动性，这对于研究工作是有害的。”

对于如何着手从事研究工作，华罗庚也有自己独到的认识，他说：“我觉得，如果有导师指导的话，那他就可以告诉你这门科学过去有谁搞过，大致有些什么资料或著作。然后你可按这线索去寻找，这样做当然还比较好办。如果没有导师，只派你一个人去建立这个新部门，那应该怎么办呢？我想首先要了解这门科学在世界上最有权威的是哪些人或哪些学派。然后拿这些人近年来发表的文章来看。起初很可能看不懂，原因大致有两种：第一，他所引证的教科书，过去我们没有念过，这很好，从这里我们可以知道还有哪些基础未打好，需要补课；第二，他引证了许多旁人的著作，这些著作我们不一定全部要看，但可以从这位科学家提供的线索开始，按他引证的书一步步扩大，从他研究的基础一步步前进，这样时间也不致花得太长，有的花一两年，有的三五年就可以知道个轮廓了。”

1962 年，关于学习，华罗庚又提出了“由薄到厚”和“由厚到薄”的学习过程。所谓“由薄到厚”是学习、接受的过程。“譬如我们读一本书，厚厚的一本，加上自己的注解，就愈读愈厚，我们知道的东西也就‘由薄到厚’了。但是，这个过程主要是接受和记忆的过程。‘学’并不到此为止，‘懂’

并不到此为透。”所谓“由厚到薄”是消化、提炼的过程，“即把那些学到的东西，经过咀嚼，消化，融会贯通，提炼出关键性的问题来”。到这时，“你就会感到这本书和这本资料变薄了”。华罗庚常常打比方说：“现在中学的数学在你们脑子里还剩下多少？不是薄薄的了吗？”华罗庚用这个观点鼓励大家学习要加快向“变薄”转化。

1979年之后，华罗庚更提出“治学之道应该是‘宽，专，漫’。所谓‘宽，专，漫’，就是：基础要宽，然后对专业要专，并且还要使自己的专业知识漫到其他领域”。“宽，专”易于理解，“漫”字是华罗庚的切身体会、经验之谈。当初他从解析数论中“漫”出来是他一生研究数学的得意之笔。“我们从一个分支转到另一个分支，是把原来所搞的分支丢掉跳到另一个分支吗？如果这样就会丢掉原来的。而‘漫’就是在你搞熟弄通的分支附近，扩大眼界，在这个过程中逐渐转到另一分支，这样原来的知识在新的领域就能有用，选择的范围就会越来越大。”

仿照《人间词话》的作者王国维提出的“人生三境界”说，华罗庚提出了搞研究工作的四种境界：“1. 照葫芦画瓢地模仿。模仿性的工作，实际上就等于做一个习题。当然，做习题是必要的，但是一辈子做习题而无创新又有什么意思呢？2. 利用成法解决几个新问题。这个比前面就进了一步，但是我们在这个问题上也应区别一下。直接利用成法也和做习题差不多，而利用成法，又通过一些修改，这就走上搞科学研究的道路了。3. 创造方法，解决问题。这就更进了一步，创造方法是一个重要的转折，是自己能力的提高的重要表现。4. 开辟方向。这就更高了，开辟了一个方向，可以让后人做上几十年、上百年。”

华罗庚还说：“这对科学的发展来讲就是有贡献。我是粗略地分为以上这四种，实际上数学还有许多特殊性的问题。像著名问题你怎样改进它，怎样解决它，这在数学方面一般也是受到称赞的。在 20 世纪初希尔伯特提出了 23 个问题。这许多问题，有些会对数学的本质产生巨大的影响。”研究工作要“攻得进去，还要打得出来”。“世界上有不少数学家攻是攻进去了，但是进了死胡同就出不来了，这种情况往往使其局限在一个小问题里，而失去了整个时间。”做研究还要知道“取法乎上得其中，取法乎中得其下”。

华罗庚的这些体会都是经验之谈，到现在，还是很有借鉴意义、很值得我们仔细思考的。

关心青年人的成长，使得他有一个想法，那就是写一封信，用数学所的青年的成长来鼓励全中国千千万万的青年们。于是,1956 年 1 月 20 日,华罗庚在《中国青年报》上发表了《致青年的信》,在信中,他写到了数学研究所里的年轻人的奋斗:“我们所里有一位年轻同志被分配在一个较薄弱的门类中工作,那里没有强有力的导师,但是经过四五年的努力,去年他写出论文了,质量还很不错。还有一位青年没有导师,在独立工作着,他偶尔和有经验的科学家讨论问题,后者告诉他一些感性知识及应有的结论,结果这位年轻科学家完成了一篇概括性极强的研究论文。更不止一位青年,在能力较强的导师领导下,或者写了很多论文,在结果方面有丰富的收获;或者出现了突破难关性的数学论文,这种论文大大地超过了解放前‘洋博士’的水平……有一位青年花了两年的时间才学习了一个方法(虽然这个方法现在他可以在一小时内给大学生们介绍清楚)。经过这样的辛勤锻炼,他终于在老科学家的帮助下突破了一个难关,诚如大家所知道的,难关一破,收获滚滚而来。另一个青年,草稿纸废了几百张,算来算去花了半年多的时间,终于得出了好结果,在这个过程中,他多次摔倒,不止一次向老科学家说:行不通了,攻不破了!但老科学家给他信心,并具体地给他些帮助,最后终于获得了战果。这些青年或者从‘描红’‘临摹’入手,做些依样画葫芦的工作,或从整理资料文献人手,总结前人成就。但不管用哪一种方法，他们搞出了具体贡献……他们有一个共同的优点，就是他们到数学研究所后，就忘我地劳动着……从这些经验中可以分析出一个要点，就是只要不怕辛勤和艰苦，终会成功的。”

发现陈景润

常言道：千里马常有，而伯乐不常有。华罗庚对“伯乐识人才”有着独到的认识，他曾经对自己的学生说：“唐宋八大家，文章首选韩柳。韩柳对培养人才都有精彩的比喻。现在经常提到的是韩文的伯乐、千里马，值得一提的是在韩文中还提了培养千里马的方法，策之以其道，食之尽其材，鸣之通其意。当然楚王爱马，喂之以枣脯，衣之以文绣，结果厩马肥死，这是公之不能尽其材的过错。武则天治烈马，一根铁鞭，一把匕首，一个铜锤，不怕烈马不服，只是这种与之不以其道的方法，即使千里马服帖了，但非死即伤，究有何益？当然我们不鼓励那种不埋头苦干专作嘶鸣的科学工作者，但我们应当注意到科学研究在深入而又深入的时候，而出现的‘怪癖’‘偏激’‘健忘’‘似痴若愚’，不对具体的人进行具体的分析是不合乎辩证法的，鸣之而通其意，正是我们热心于科学事业者的职责，也正是伯乐之所以为伯乐。”对陈景润的发现和培养，证明了华罗庚是一位了不起的伯乐。

众所周知，陈景润是一位数学天才，而其独特的数学天赋最早是被华罗庚发现的。陈景润，1933 年 5 月 22 日生于福建省福州市。他从小是个瘦弱、内向的孩子，却独独爱上了数学。演算数学题占去了他大部分的时间，枯燥无味的代数方程式使他充满了幸福感。1953 年，陈景润毕业于厦门大学数学系。毕业后，他被分配到北京四中教书，因口齿不清，被拒绝上讲台授课，只可批改作业。后来被以不适宜教书工作为由而被辞退。由于厦门大学校长王亚南为他说情，他被调回厦门大学管理图书资料。除整理图书资料外，还担负着为数学系学生批改作业的工作，尽管时间紧张、工作繁忙，他仍然坚持不懈地钻研数学。

陈景润对数论非常感兴趣，据说他为了学习华罗庚的《堆垒素数论》，将书本撕开，一张张放在身上，走到哪里，带到哪里，学到哪里。在学习的过程中，他看出《堆垒素数论》还有一些地方可以改进，如书的第五章的方法可以用来改进第四章的某些结果，并把他简化后的结果寄给了华罗庚。华罗庚看后非常高兴，并没有因为陈景润只是一个小小的图书管理员就轻视他，而是认为陈景润是一个有想法、肯钻研、有培养前途的青年。后来，华罗庚邀请陈景润作为代表参加全国数学论文报告会，在会上陈景润作了关于“塔内问题”的报告。没想到这件事在后来的“文革”时期，还闹起了轩然大波，被江青利用来攻击华罗庚，几乎要置他于死地。

“文革”时期，“四人帮”曾派迟群找陈景润搜集华罗庚的黑材料，让陈景润站出来揭发华罗庚“盗窃他的成果”。其证据是，1957年，华罗庚的《堆垒素数论》再版时，吸收了陈景润的成果。但是华罗庚在《堆垒素数论》的再版“序言”中已经写到：“作者趁此机会向越民义、王元、吴方、魏道政、陈景润诸同志表示谢意，他们或指出错误或给以帮助，不是他们的协同工作，再版是不会这样快就问世的。”陈景润并不是恩将仇报的人，对他们这样的污蔑要求，他断然拒绝了，并坚决地说：“既然你们掌握了证据，还要我揭发什么！”正是凭借自己的良知和善心，陈景润保护了自己的老师，维护了党和国家的利益。

1957年，华罗庚将陈景润调来数学研究所任研究实习员，这是华罗庚平生亲自点名调来的唯一人员。在这之前，不少人向他推荐过数学人才，他都没有接纳，却一眼看准了陈景润。日后的事实也证明，华罗庚确实没看走眼，陈景润不愧为数学奇才！经过不懈的奋斗和努力，陈景润的数学研究不断取得新的成就，在高斯圆内格点问题、球内格点问题、塔内问题与华林问题上连续取得好成绩。1973 年,他还攻克了世界著名数学难题“哥德巴赫猜想”中的“1 + 2”。他的成果发表后,立刻轰动世界。1979 年的《美国数学会通告》记载:“在数学研究所,华罗庚的一批学生,在解析数论方面做出了出色的成就。近年来,那里所得到的杰出成果是陈景润的定理。这个定理,是当代在哥德巴赫猜想的研究方面最好的成果。”一位美国数学家写信祝贺陈景润说:“你移动了群山!”后来,“1 + 2”被命名为“陈氏定理”,并被誉为筛法的“光辉的顶点”。至今,陈景润研究“哥德巴赫猜想”和其他数论问题的成就,仍然处于世界的领先地位。

可以说,陈景润确实不负华罗庚对他的栽培与期望。华罗庚曾说过:“当初调陈景润来数学所,也就是看重他肯于动脑筋。”对于陈景润所获得的成就,华罗庚曾单独对王元说过:“我的学生的工作中,最使我感动的是(1 + 2)。”陈景润成为世界著名的数学家之后,时刻不忘华罗庚对他的栽培和提拔,他曾经这样说:“华罗庚是国际有名的数学家,我是走他的‘后门’,才从偏僻的地方调到数学研究所的,如果没有他的提携,我绝对不可能有今天!”正是有了华罗庚这样一个伯乐,才使陈景润这匹千里马脱颖而出,在世界数学领域大放异彩！

华罗庚眼光的独特，不仅在于发现了陈景润，在他的鼓励和培养下，中国还涌现出了一大批像陈景润这样年轻有为的数学工作者，如越民义、万哲先、王元等，这些人为中国现代数学的发展做出了卓越的贡献！

9. 曲折

中国有一般人，认为数学无用，也有一些数学家，自己对数学研究得很好，但总觉得数学无用武之地，其实，是因为没有中间的这一道桥梁，把数学和应用联结起来。理论如果不和应用配合，则两相脱节，而欲求科学发达，实在是不可能的。

涌泉相报

作为一名闻名世界的数学家，华罗庚不仅不遗余力地提携后进，而且对于帮助和教导过他的前辈也是念念不忘，恭敬有加。他经常对别人称赞自己的中学教师王维克，他说：“王维克先生是我数学成绩的第一个赏识者。我这位中学老师，不仅数学好，而且在物理、天文学方面造诣也很深，并且是一位有成就的翻译家。”1946 年夏，华罗庚从苏联讲学回来，又准备赴美国讲学、访问，去之前，他回到了家乡金坛，并特意去拜访了王维克先生。王维克将自己这段时间辛苦翻译的作品——意大利诗人但丁的诗集《神曲》中文版送给了华罗庚，对华罗庚取得的成就赞赏不已，并满怀感慨地说：“世上的知识，就好比这星汉灿烂的宇宙，深奥而又浩瀚！人生有限，精力有限，光阴易逝，不能不抓紧啊！罗庚，你在那样困苦艰难的逆境中，以坚韧不拔的顽强精神和命运搏斗，勇敢地向智慧之神挑战，奋斗了数十年终成名家，这是在情理之中的事情。”

王维克还说：“从中国的数学发展来看，国人本是富于数学头脑的，别的方面的天才也很多，可惜这些天赋很高的人，在家庭、学校、社会中，起初不被人认识，譬如松苗不被认为是松苗，而被认作蓬蒿一样；后来或因职业太苦而无暇发展，或因生活太舒适而自甘堕落；也有因为贪多务得而分散了心力的，以致天才消失尽了；唯有你——顽强地、茁壮地成长起来了，成为凤毛麟角般的佼佼者！叫我怎能不逢人就夸奖你呢？”

1950 年，华罗庚刚从美国回国安顿好后，就收到老师王维克的一封信。信中说，新中国成立后他一直赋闲在家，由于没有经济收入，现在衣食都有问题，希望华罗庚向有关部门交涉变卖藏书，以解燃眉之急，满足生活之需，同时希望华罗庚向有关方面推荐，使自己一展所长，在有生之年能为国家发展尽一份力量。收到信后，华罗庚迅速地给老师写了回信，并承诺向科学院推荐他。后来，经过华罗庚多方奔走、引荐，商务印书馆很快便聘请王维克担任议审员。为了怕老师来北京后感觉到孤单，华罗庚经常在百忙之中抽出时间去看望老师，还请老师到家里专门招待他，陪他聊天散心。

王维克在北京的工作做得非常出色，但由于年纪较大，又不习惯北方的环境和生活，于 1952 年 2 月辞职回乡定居。不幸的是，他在 4 月份患上直肠癌，在金坛去世。听到这个消息后，华罗庚悲痛异常，由于实在抽不出时间回乡，他写了一封信向师母致哀，还再三嘱咐妻子吴筱元的弟弟要亲自代自己去灵前吊唁。在此之后漫长的岁月里，他始终如一地像对待自己的亲人一样关心师母及其子女的工作与生活，经常与师母通信，致以问候。1963 年，华罗庚到江苏省视察工作，还特意绕道金坛拜访师母。1980 年，当他再次回到金坛市，他说："我这次回金坛，第一件事是去看看师母，第二件事是去母校看看。"华罗庚对老师的深深眷念之情令人感动！

对于另一位恩师熊庆来教授，华罗庚更是敬重有加。熊庆来慧眼识英才，将华罗庚请进清华大学，从此华罗庚的数学研究工作是"芝麻开花节节高"。对于熊庆来的知遇之恩，华罗庚一直心怀感激！而熊庆来之所以能弃旧投新，回到新中国，跟华罗庚有着密切的关系。

1949 年，在新中国成立前夕，熊庆来受邀到英国参加联合国教科文会议。但不幸的是，他患了脑出血，致使右半身瘫痪，在治疗期间，他用极大的毅力跟病魔搏斗，最后身体基本上得到了恢复。在这期间，新中国经历了翻天覆地的变化，他本想回国，为祖国的建设添砖加瓦，但想到自己以往的经历，他在万里之外的巴黎陷入了矛盾和踌躇。当华罗庚知道了熊庆来的遭遇后，多次给熊庆来写信，向他讲述了新中国的情况，向他介绍百废待兴的新中国正渴望像他这样的优秀科学工作者回来发展科学、建设国家。另外，华罗庚还以数学研究所的名义，请国务院专家局把他的妻子和孩子从昆明接到北京，给予周到的招待和照顾，这才打消了熊庆来的疑虑，于是他毅然决然地收拾行装踏上了回归祖国的旅途。

当熊庆来乘坐的飞机降落在北京机场时，华罗庚早已经在机场等候多时！当看到熊教授拖着病痛的身体艰难地走下飞机时，华罗庚激动异常，走上前去紧紧握住老师的手说："熊老师一路辛苦了！我们可把你给盼回来了！"阔别多年的师生终于重新相聚！

回国后，华罗庚立刻请来医生为熊庆来做后续治疗，并且不管工作多忙，都会隔一段时间就登门去看望老师。每次到熊老师家去，他总要搀扶着老师到处走走，上下楼梯时更是寸步不离左右，他的体贴和无微不至，使熊庆来和他的家人都感动不已！

等熊庆来身体状况好转后，华罗庚便邀请熊教授进入数学研究所担任研究员，从此，熊庆来不仅有了安稳的生活，还能继续发挥余热，做自己喜欢的研究工作。对此，熊庆来感慨万千，他曾写信给还滞留国外的友人说："我以残废之身在巴黎过着清苦的生活，工作只是为个人生活，久留异国，殊无甚意义……数学研究所华罗庚所长与我相知深厚，知我有归意，即密切联系，恳切邀我参加所里的工作。数学所工作人员多为旧交，相见如故。昔日清华数学系学生只有数十人，现在大不相同了。”

熊庆来教授在数学分析方面是中国的权威，尤其擅长复变函数论，另外，熊教授一生热爱教育事业，著名物理学家赵忠尧、严济慈，数学家段学复，等等，都是他的得意门生。1962 年 9 月 4 日，为表彰熊教授所做出的卓越贡献，中国科学院在北京政协礼堂举行了盛大集会，以庆祝熊教授七十寿诞和从事教学、科研工作四十年。在这次大会上，华罗庚作了讲话，他说：“熊庆来教授循循善诱、诲人不倦的教学精神和工作作风，永远是我们学习的榜样。”

1969 年 2 月 3 日，熊庆来逝世。这时，华罗庚正从外地推广优选法回来。闻此噩讯，华罗庚惊呆了，顾不得旅途疲劳，立即赶去吊唁。看到熊教授的枯瘦遗体，华罗庚心如刀绞。想着恩师就这样永远地走了，自己以后再也看不到老师的音容笑貌了，华罗庚强忍的眼泪再也止不住了，不由自主地哭出声来。

后来，华罗庚写了一首诗细致地描绘了他与老师的诀别，诗歌的名字是《哭恩师》：

恶莫恶于除根计，
痛莫痛于不敢啼。
尸体已入焚化间，
谁是？
翻遍盖面布，
方得见遗容一面，
骨架一层皮。
往事滚滚来，
如实又依稀，
往事休提起，
且喜今朝四凶歼灭，
万方欢喜。
学生已有后起，
苟有英灵在，
可以安息矣！

“一条龙”教学法

为大力发展科技，提高科研力量，1958年5月9日，中国科学院党组织向党中央提出了预筹办中国科学技术大学（简称科大）的申请，此举得到了中央领导的一致赞成。9月20日，中国科大正式开学，华罗庚出任应用数学系主任，他邀请了当时中国数学界最杰出的科学家来校任教，还亲自为一年级学生上课，并创造性地提出了“一条龙”教学方法，并亲自编写“一条龙”讲义，开拓了一条培养数学人才的创新之路。

“一条龙”教学方法与当时通行的教育方法有着很大的区别。传统的数学教学是分科教育的，即不同的课程由不同的老师来教，如代数、几何、分析等分别由代数、几何、分析等领域的老师来教，每位老师只负责自己的那方面教学就行了。但华罗庚认为数学本身是一个整体，各个分支之间存在紧密联系，这条“龙”里既有分析又有代数，代数里头有几何，几何里头有分析，各科之间是你中有我，我中有你的，所以教课时，应把所有的基础课程结合在一起教授，而不是说教分析的老师只讲分析，不讲代数，不讲几何。所以，他决定将所有的基础课放在一起教三年，这就是被人们称为"一条龙"的教育法，它是数学教育法的一大创新。

这种教育方法实行起来非常难，主要是对教师的要求非常高，它要求教师既要有广博的知识，又要对各个学科领域的专业知识融会贯通，在当时能胜任这个职务的老师非常少，也只有像华罗庚、关肇直、吴文俊这样的大师才能做到。

华罗庚希望通过这种方法来培养视野开阔、基础宽厚的数学家，所以他花了很多时间和精力来编写讲义和授课。他的讲义即后来于1963年出版的《高等数学引论》。在该书的"序言"中，华罗庚写道："读者可能发现一些其他书上所没有的材料，也可能发现一些稍有不同的处理方法，但毕竟是太少了。在谈到这一点的时候，感到空虚，并且诚恐会错误百出。大家所公认的，辗转传抄的已经成熟的材料，错误还有时难免，何况第一次写下来的东西，那更使人担心了。但是还是斗胆地放进书里去，作为引玉之砖，作为试矢之的。特别是一些高的内容放低了，难的内容改易了，繁的内容化简了的部分更希望大家指正。但是我个人深信，只要每本书都有些章节改进，集腋成裘，我们教学改革会汇成巨流，辛勤的点滴劳动可能是大丰收的预兆……我也喜欢生书熟讲，熟书生温的方法。似乎是在温熟书，但把新东西讲进去了，这是因为一般讲来，生书比旧课，真正原则性的添加并不太多的缘故，找另一条线索把旧东西重新贯穿起来，这样的温习方法容易发现我们究竟有哪些主要环节没有懂透。有时分讲合温，或合讲分温，先把一个机器的零件一一搞清，再看全局，或先看全部机器的作用和目的，再分析要造成这个机器需哪些零件，而把条件一一讲明。'数'与'形'的'分'和'合'，'抽象'与'具体'的'分'和'合'都是在反复又反复的过程中不断提高的。"

"一条龙"教学法的效果得到了很多学生和专家的高度评价。中国科技大学培养的首届应用数学毕业生、后留校任教的杨德庄教授对华罗庚的教学工作有着非常充分的认识和了解，他说："作为学生，我们开始也不理解这种教学法的奥妙，只是跟着学习。后来才慢慢地明白其中的道理，收获可大了！授课过程中华罗庚是融会贯通地讲，着重于讲思想、讲方法，不单是传授知识，他一定要让大家去问，这个问题是怎么提出来的，原来的数学家是怎么想的，他是怎么解决问题的，等等。不是说有个课本，有个讲义，你就跟着我学，而是告诉你这个课跟那个课之间有什么关系。应用数学比纯粹数学所涉及的面要宽，要求在面上拓宽发展，而且更希望从学术思想上来拓展，那样对开阔思路是极其有好处的。”

“一条龙”教学法为学生打好宽厚的数学基础提供了很好的平台，也取得了不错的效果，但是这种教学法对授课教师要求太高，实行起来困难非常大，所以并没有得到大范围的推广。

统筹法与优选法

1957年是华罗庚的转折点，此后他把研究中心逐渐转向应用数学与数学普及。其实在回国后的相当长的时间里，华罗庚就一直在思考一个问题，那就是怎样把自己所学的知识运用到实践中去，真正为国家和人民服务。他之所以放弃在美国优厚的生活待遇和良好的科研条件，就是希望能够利用数学为新中国的建设服务。有一天，他突然想起自己在美国普林斯顿高级研究院工作时自己的朋友冯·诺依曼以及他的计算机研究工作。当第一台计算机诞生后，冯·诺依曼还请华罗庚参观过他们的实验室，与华罗庚讨论过相关的学术问题。当时华罗庚对计算机技术就很感兴趣，但是苦于没机会好好研究。此时，华罗庚萌生了发展计算机工作的想法："能不能在数学研究所进行电子计算机的研制工作呢？"

"能不能找到合适的人选呢？"华罗庚心里忐忑着。突然，他想到了一个人，那就是当时清华大学的电讯网络专家闵乃大教授。他找到闵教授，谈了自己的想法，他说："现在电子计算机在国外正蓬勃发展，两年前，我在美国时就注意到了这一点，这是一门很有希望的科学。我想，数学要为国家的建设服务可以从这里开始。因此，我准备在数学研究所开展电子计算机的研究工作，你要是能参加那真是太好了！”

闵教授听后，经过认真的考虑，最后给了华罗庚肯定的答复。于是，中国第一个电子计算机科研小组就这样在华罗庚的领导下诞生了。此后，国家将计算和技术列为重点项目，予以大力发展。

将数学应用到实际领域，华罗庚还在不断地尝试和探索着，在教学的过程中，他对学生说：“在应用科学方面，基础理论的研究是很重要的，它可以用来指导实践。但有了理论，如果束之高阁不去实行，或者认为推广与应用只是旁人的事情，甚至认为那是低级的工作，那是很错误的，那样将发挥不了应用数学的作用。”

经过不断的深入思考和反复调查研究，直到 1964 年，华罗庚终于找到了两种能够与中国的实际相结合的数学普及方法——统筹法和优选法。在一次课堂上，他郑重其事地对学生说：“同学们，现在我们的国家还很穷，管理工作和工艺流程都有待改进，因此，我想亲自到工厂里试试能不能用优选法和统筹法促进生产的发展，促进工作效率的提高。具体地说，就是想借用毛主席统筹兼顾的思想，把统计和运筹、计算机手段结合起来,从我国的实际情况出发,搞出一套适合我国情况的、行之有效的管理科学!”

所谓“统筹法”即国外的“关键道路法”与“计划评估技术”的统称。但是这种方法在理论上比较抽象,不能直接运用,必须进行加工和处理。统筹法如果要在中国百姓中普及,必须具备以下几个基本条件:“一是群众性,也就是能让群众听得懂、学得会、用得上、见成效;二是实践性,每个方法在推广之前都要经过实践,通过实践去检验这种方法可以适用的范围,然后在这个范围内推广;三是理论性,必须有较高的理论水平。因为有了理论,才能深入浅出;因为有了理论,才能辨别方法的好坏;因为有了理论,才能创造新的方法。”

为了易于人民大众理解统筹法,并将其运用到日常的生活和生产中,华罗庚进行了深入的研究,让它更加深入浅出、形象直观、通俗易懂。他采取了五个步骤来完成:“一是举日常生活中的实例,说明这种技术的核心思想及方法要点,同时给出这种技术所能解决的问题的提法。二是,对于适合用统筹法的一般问题,给予统筹法的数学描述。这种数学描述就是一个特殊数学模型:它用一个图来表示,这种图称为统筹图。这种特殊模型图,不但对数学描述形象直观,逻辑关系清楚,而且求优方法隐含其中,可以通过图来求优。这样的图教给大众，便于形象思维。三是，用当代中国大众流行的平常话语言与方式叙述以上事例与统筹图，整个技术的介绍深入浅出、通俗易懂，形成一个平话式的小册子。四是给这个加工后的技术起一个合适的中国名字，即‘统筹方法’，介绍统筹方法的小册子叫做《统筹方法平话》。五是，把统筹方法中比较难的部分及有关理论都放在小册子的后半部，有待研究，以利提高。”

推广统筹法时，华罗庚亲自走到人民大众之间去推广，他说：“亲自下去，从小范围做起。例如从一个车间做起，从一个项目做起。如果一个车间出了成绩，引起了注意，其他车间也会闻风而来，邀请我们前去。如果整个工厂从领导到群众大多感兴趣了，那就可以推广到整个工厂，一直到整个城市、整个省和自治区。就这样，我们有时需要对几十万个听众演讲。演讲的方法是有一个主会场，并设若干个分会场。我们的闭路电视还不普遍，所以在每个分会场都有我的助手负责演示和画图。讲完后，我们不仅要负责答疑，更重要的是到现场去，和大家一起工作、实践，务必让讲授的方法在生产中见到效果。”

在普及统筹法的过程中，华罗庚将一些简单的日常生活实例如烧开水泡茶喝等引入到统筹法的讲解中，为大家介绍统筹法的使用技巧和计算方法，不仅提高了生产的效率，节约了时间，还促进了广大人民群众学数学、用数学的积极性，全国掀起了学习统筹法、应用统筹法的高潮。

华罗庚的数学普及工作，除了“统筹法”以外，还有一种使用更广、效果更显著的方法——优选法。优选法与统筹法不一样，统筹法的目的是提高生产效率、节约时间，而优选法则是关注如何选择最优的产品，提高产品的质量。

有一次，华罗庚在给中国科大的学生上课时说：“优选法是六十年代新兴的学科，它是以最少的试验次数，迅速找到生产和科学实验的最优方案的一种数学方法；在国外，对于无约束条件的目标函数寻求最优值的问题，相继也出现了许多名目繁多的方法。但是，这些方法在理论上是否站得住脚？在实践中是否适应？能否创造出一些适合我国特点的更有效的方法？这一连串的问题，都需要作认真深入的研究。”

而华罗庚之所以对优选法产生兴趣，源于他的一次经历。1964 年，华罗庚来到大西南成昆铁路的施工现场，他想将统筹法应用到铁路的建设中去。但在发生了一次事故后，华罗庚的工作又有了新的目标。有一天，为了对一个山洞进行爆破，几个战士在山洞里安放了 22 个雷管，其中一个雷管的引线受潮，成了哑炮。最后虽然排除了故障，但付出了惨重的代价，班长和一名战士牺牲了。亲历过这件事情后，华罗庚既为两个年轻的生命逝去感到惋惜，同时也在反思到底是什么原因使这两位年轻人牺牲了生命。他想："两个年轻人的牺牲难道是不可避免的吗？我们为什么不能提前把次品检验出来，而需要到现场使用时付出血的代价才能查出是否合格？难道这种牺牲不能使人猛醒吗？"作为一名科学家，他自觉地将这个重担压在自己肩膀上，"今后一定要设法用科学的方法合理地抽样检验，要设法普及应用数学，设法改进生产管理，绝不能让这种悲惨的事件继续发生！"

从此之后，华罗庚加紧了对优选法的研究和改造。优选法的作用是提高产品的质量，在不同的前提下，往往产品的优选方案也不太一样。华罗庚通过不断研究，自创了一些特殊的优选法，如平分法、平行线法、陡坡法、瞎子爬坡法等，不仅通俗易懂，而且方便使用。通过不断的实践和深入的思考，华罗庚先后出版了《优选法平话》《优选法平话及其补充》以及《优选学》等普及读物。

在近二十年的时间里，华罗庚为了推广优选法和统筹法，足迹遍及二十七个省、市、自治区的成百个县。实践证明，优选法和统筹法对工农业生产起了有力的推动作用，取得了显著的经济效果。1978 年，仅四川省推广“双法”五个月就增产节约了二亿多元；泸州长江大桥三号桥墩应用统筹法施工，提前一个月完工，节约成本六千万元；华罗庚在湖北沙市棉织印染厂，用优选法优化了该厂生产的 19 道工序，使产品质量直线上升，一等品从过去的 16% 提高到 43%，最后竟高达 90%；山东交通运输部门采用优选法，一个月节约用油 69.3 万千克；解放军某部推广优选法半年，节约用油 2000 多万千克；17 个省的粮油部门用优选法增产节约 2500 千克粮食、250 千克油脂……山西大同煤矿原有上百万吨存煤，就是运不出来，工作效率极其低下，华罗庚亲自到现场采用统筹方法做实验，同样的人力和车辆，每天多运煤炭 1.8 万吨，5 个月后，突击运完百万吨存煤；四川攀枝花钢铁公司利用“双法”，年增加产值 500 万以上；现在国际知名的“五粮液”集团，也使用优选法，解决了长期困扰酒厂的高度酒降低为低度酒的问题，每年为国家节约粮食几百担，产量也增加了 50%。

总结华罗庚推广“双法”的作用和贡献，可以概括为三点。一是为发展中国的管理科学做出了不可磨灭的贡献。华罗庚认为自己的经验可以应用到管理上的方法可以概括为 36 个字：大统筹，广优选，联运输，精统计，抓质量，理数据,建系统,策发展,利工具,巧计算,重实践,明真理。二是为数学应用提供了可供借鉴的有效方法。讲解方法通俗易懂,学习应用方便灵活。重视试点取得经验,由点到面循序渐进。骨干队伍不断壮大,各行各业互相促进,这是当时“双法”能迅速推广和应用的法宝。华罗庚总是有“深入浅出”的本领,能将高深的理论和繁琐的计算简化成为大家很容易就能看得懂、听得懂的方式表达出来,大家也都听得津津有味,为数学方法在中国的普及开创了全新的局面。三是“必须从中国管理实践中提炼科学问题开展研究,才能创造出‘顶天立地’的原创性成果”。也就是说,研究问题要从实际出发,从解决实际工作出现的问题出发,任何时候都不要脱离实践。华罗庚就是从着手解决一个个现实困难出发来展开研究工作的,如梯级水库提水问题、几个开关控制一盏灯的问题等。他说:“从生产管理实际中寻找理论研究的问题,是我们团队研究工作的特点之一。”在他的领导下,其工作团队的研究成果“优化节油技术和铁路系统运输统筹”“大庆油田开发与地面工程规划方案优选的研究”“两淮煤炭开发方案论证”分获国家科技进步一等奖、二等奖、三等奖。

劫难 3

华罗庚回忆道："（回国后）第十六个年头的时候，我被卷进一场无法抵御的政治风暴之中，弄得走投无路，几乎筋疲力尽……现在大家称'文化大革命'是一场浩劫。如果从'劫'字谈起，那么我这一辈子碰到过三次'劫'。"第一个"劫"是在华罗庚青少年时，家境清寒，失学、病残，差点连命都没了。第二个"劫"是抗日战争期间，"吃不饱，饿不死"，"在那个时候，日本封锁我们，国外的资料，甚至杂志之类都看不到。不但封锁，而且还轰炸"。第三个"劫"就是"文化大革命"。"我是'臭老九'，当然不能幸免……我到处跑，搞统筹优选，还有'四人帮'一直跟在后面监视攻击……一方面我们要推广统筹优选；另一方面，背后还要防'四人帮'的冷箭，虽然时刻提防，我还是被射了不少，甚至在 1975 年被射倒过。"

"文化大革命"中，很多知识分子进"牛棚"，去干校，受审查，挨批斗，华罗庚虽然没有进"牛棚"，但也是九死一生。刚开始时，华罗庚家就被抄，数学手稿也被盗，连中国科学院的研究岗位都没保住，只能到中国科技大学教学。白天他作为“资产阶级学术权威”受批斗，晚上也不得安宁——红卫兵勒令不准睡床，只准睡在地上。更让他揪心的是，他办公室暗暗做了记号的抽屉被人翻过，他精确计算出的苏联人造卫星方位与数学模型的机密手稿被窃。

正当遭受这一切时，华罗庚得到了周总理的保护，华罗庚在很多场合都表达过他对周恩来的感激之情：“我永远不能忘记周总理几十年来对我的关心、鼓励和支持，尤其值得怀念的是‘文化大革命’中最艰难的1970年。当时，周总理身处逆境，又万物丛集，但他不顾个人的安危和病体，仍然细微地、尽力地保护我，安排我的生活，关心我们数学方法用于经济建设的工作。记得一个星期六的晚上，国务院的两位同志奉命向我传达了周总理1970年3月4日的批示：首先，应给华罗庚以保护，防止坏人害他。次之，应追查他的手稿被盗线索，力求破案。再次，科学院数学所封存他的文物，请西尧（周恩来派到中国科学院的联络员）查清，有无被盗痕迹，并考虑在有保证的情况下，发还他。第四，华罗庚的生活已不适合再随科大去‘五七’干校或迁外地，最好以人大常委身份留他驻京，试验他所主张的数学统筹方法。”

后来，连推广“双法”的工作都受到阻拦，科学院“造反派”的头头竟以“冲击政治运动”为名，扬言要下令解散推广优选法小分队。但华罗庚听了，斩钉截铁地说：“从组织上我服从，但是我个人反对！”并对学生说：“优选法我还是要坚持搞下去的！就是你们大家都不干了，只剩下我一个人也要干下去！”后来，“双法”推广小分队被解散了。他则是不顾个人安危，顶住压力，一个人到全国去推广优选法。在全国推广的过程中，华罗庚还饱受留言和诽谤的冲击，江青甚至说华罗庚到20多个省市推广“双法”是“游山玩水”。华罗庚可谓受尽了委屈！愤懑、忧伤加上劳累，华罗庚第一次患上了心肌梗死，生命一度非常危险。在大病中，他还惦记着优选法的推广，他告诉学生说：“如果我不行了，我希望，这条路你们一定要坚持走下去！”当病情渐渐有所好转后，躺在病床上的华罗庚思绪万千，写下了《病中斗》一诗：

我身若蒲柳，难经九秋风。
打击不算大，狼狈如转蓬。
几为仇者快，几为亲者痛。
幸赖群众力，始能顶妖凶。

后来，他完全康复后，又写下了这样的诗篇：

呼伦贝尔骏马，珠穆朗玛雄鹰，

驰骋草原志千里，翱翔太空意凌云，

一心为人民。

壮士临阵决死，那管些许伤痕，

向千年老魔作战，为百代新风斗争。

慷慨掷此身。

1974年以后，“四人帮”的爪牙又造谣说华罗庚剽窃了陈景润的研究成果，真是明枪易躲暗箭难防，弄得华罗庚真是有口难辨，蒙受了多年的不白之冤。

灾难还扩散到了他的亲人和朋友身上。恩师熊庆来的去世，对华罗庚的打击也非常大，当年正是由于自己的一次次努力，熊庆来才打消顾虑回国的。但没想到最后是这样的结局，虽然自己是出于好心，当时也不知道会遇上这种情况，但内疚和悔恨之情，几乎要将他击垮！

在“文革”中，华罗庚的女婿王敬先（时任毛泽东警卫团副团长，后调任苏州地委副书记）被迫害致死，女儿华顺（时任中共北京市委秘书）在押受审；他的姐姐华莲青也被当作“地主婆”（她丈夫是破落地主）从北京押回到金坛唐王乡农村改造，受尽磨难。

在那些困难重重的日子里，华罗庚并没有被威胁吓倒，更没有被压垮，用他自己的话说就是：“（这次劫难使人）产生积极的力量，使人精神振作，从逆境中崛起，不屈不挠地为国家的前途、民族的命运而抗争。”

1976 年 10 月 6 日，“四人帮”及其爪牙被捕，“文革”终于落下帷幕。

10. 巨星陨落，硕人遠逝

我们最好把自己的生命看做前人生命的延续，是现在共同生命的一部分，同时也是后人生命的开端。如此延续下去，科学就会一天比一天灿烂，社会就会一天比一天更美好。

为千百万人的数学方法

“四人帮”被粉碎后，经中央领导的批准，中国科学院正式成立了应用数学研究推广办公室，华罗庚终于又可以开始数学研究和推广工作了。1977 年 1 月 11 日，在山西大同召开的全国汽车化油器优选节油经验交流会上，华罗庚在发表演讲时朗诵了自己写的一首诗：

喜得塞外行

三九去雁北，滚滚寒流急。
雄心向工农，壮志化冰雪。
行效周总理，教承毛主席。
与旧严决裂，为新争朝夕。
揭出四人帮，人心大喜悦。
当年遭魔困，生机几欲绝。
幸得回天力，中国共产党。
又得塞外行，高歌心激越。

从1977年到1980年，短短的4年时间里，华罗庚和他的“双法”推广小分队已经亲赴山东、新疆、内蒙古、四川、江苏等省、市、自治区的几十个县，取得了令人可喜的成果，有力地推动了经济建设的发展。1980年，华罗庚在江苏推广“双法”时，江苏省副省长汪冰石曾说：“我们要特别感谢华老，向华老学习，华老已是70岁的高龄，身体不好，带病工作，深表谢忱。短期内华老走遍了江苏11个县市，深入工厂、码头指导工作，讲方法，开座谈会、现场会，这是拼命的精神、革命的精神……他十分注意总结群众的经验。科研与实践相结合，会产生立竿见影的作用，实践证明应用数学就是生产力。”

除了大力开展“双法”推广工作，华罗庚还受邀访问了英国、法国、美国各国，主要目的是加强学术交流，了解世界各国的数学发展情况。1979年5月4日，华罗庚应邀赴西欧四国讲学，自1950年离开美国回到中国后，在与西方世界隔绝了30年后，华罗庚第一次出现在国际学术舞台上，使西方学术界为之震惊！

接到西欧各国的邀请后，夫人吴筱元很替华罗庚担心，她说：“‘文革’十年，你连图书馆都无法去，整日在家写写算算，还能有什么可以向洋人讲的呢？”可是，华老通过8个月的西欧四国之行，不仅了解了当今世界数学领域的水平与发展趋势，同时也传达了我国这几十年来数学领域的成就与特色，特别是在应用数学领域的实践，使西方世界刮目相看！

在西欧四国的8个月时间里，华罗庚作了几十场演讲，数学界同仁普遍对其应用数学领域的成就产生了浓厚的兴趣。伯明翰大学的生产工程系，对我国的刀具参数使用优选法十分感兴趣，曾多次找到华罗庚及其助手请教问题。伯明翰大学邀请华罗庚讲学时，贴出了一张别开生面的海报："为千百万人的数学方法"。华罗庚作报告时，座无虚席，连室外窗前也站满了人，真是盛况空前。在伦敦数学学会作报告时，听众一拥而上，不断地向华罗庚请教问题。一位老教授当时颇有感触地说："我几十年从未听到如此好的应用数学的报告。"另一位教授说："我一生对应用数学只安排了两件事，一件是用数学方法安排好教室的使用，另一件是用数学方法来安排好学生成绩的评定工作，至于将数学用到生产上来，还从来未曾研究过，这次华老的讲座真是令人大开眼界，启发很大。"伦敦数学会秘书长说："华罗庚教授创造了一条道路，不仅对中国有用，而且对世界各国也有用。"还说："在英国，也有很多数学家解决实际问题，但跟您相比仍然有着很大的差距。我真诚地希望，数学界能把您作为榜样铭记在心，做出实实在在的成就来。”

访问荷兰后，一位美国学者给华罗庚写了一封信，信中说：“您在荷兰埃因霍温的演讲，令人赞叹不已。您向大家表明，一个一流的学者，即使处于动乱的逆境中，仍然能够做出十分出色的成绩。您使我们这些生活在安逸与稳定环境中的人自愧弗如，只能感到羞愧！”

从 1980 年 8 月 8 日开始，应美国的邀请，华罗庚对美国进行了为期半年的访问。这次访美，他进一步坚定了加强学术交流的思想。华罗庚认为，学术交流是吸取营养、取长补短的重要渠道，交流得更广泛，发展才更广泛，也更见成效。这次访问，华罗庚还当选为美国科学院国外院士，这是中国大陆第一位获得此荣誉称号的科学家。

华罗庚又一次用自己的实力赢得了世界的尊重！

倒在东京大学的讲台上

1982年，日本亚洲交流协会邀请华罗庚赴日访问，但由于美国之行耽误了原本的访日计划，最后华罗庚决定在1985年6月3日到16日访问日本。这次日本之行，华罗庚期待已久，他希望通过这次学术交流加强中日两国的友好关系。出国前，他就对代表团的成员说："到了日本，要好好地向日本同行们学习，认真了解日本把数学方法、定量分析方法用于经济管理和经济决策的经验。"

到了日本后，华罗庚受到了日本朋友的盛情款待，心情非常愉快。应日本数学会的邀请，他还要作一次学术报告，所以在访日的日子中，他一直在考虑这场报告该谈些什么。6月9日他从箱根回东京后，接下来的两天他谢绝了各种活动，在旅馆里准备报告。他画了一张表，将自己从20世纪50年代、60年代、70年代到80年代以来的所有成果都写下来。顿时，所有的经历就像电影一样，一幕幕展现在自己眼前，华罗庚不禁思绪万千，心潮难平，有多少激动、欢乐、等待、失望、悲伤啊！到了11日晚上，华罗庚的情绪一直难以平复，直到凌晨2点时，还无法入眠，他吃了安眠药，才勉强睡了一会儿。

12日上午，他做好准备后，提前吃完了午饭，下午一点半从旅馆出发，两点钟准时到达日本学士院会见日本数学界的院士们。华罗庚将他刚出版的《华罗庚科普著作选集》送给各位院士，院士们也将他们自己的著作送给华罗庚。这些年，华罗庚患过两次心肌梗死，腿疾由于手术过了保险期（保险期为20年），病痛日益严重，所以只好坐着轮椅参观天皇和学士院领导的办公地方，还应日本朋友的要求在留言簿上写下他最后的手迹：

十分荣幸地来访问日本学士院，祝两国科学交流日益繁荣。

1985年6月12日

华罗庚

下午4点，在日本数学会会长陪同下，手拄拐杖的华罗庚满面笑容地走进了东京大学报告厅，会场座无虚席，顿时响起了热烈的掌声。日本数学学会会长致词欢迎后，4点12分，华罗庚开始演讲。演讲的过程中，虽然有轮椅，但他一直坚持站着讲。开始讲时，华罗庚用中文讲，由翻译译成日语。讲到专业的数学问题时，他嫌翻译费时间，效果也不好，在征求了会议主席与听众的意见后，直接用英语讲，后来，干脆就整场演讲都用英语讲。

改用英语讲后，效果非常好，大家听得非常认真，整个会场鸦雀无声，并不时伴以雷鸣般的掌声。华罗庚也越讲越兴奋，他那流利的英语、精湛的论述，使听众为之倾倒和入迷。讲着讲着，华罗庚已经满头大汗了，先是脱掉西装，接着领带也被他解掉了。演讲的时间原定为 45 分钟，眼看规定的时间就要到了，华罗庚对主席和观众说："演讲规定的时间已过，我还可以延长几分钟吗？"大家报以热烈的掌声，他又讲了一会儿，一直讲到 5 点 16 分才结束，共讲了 65 分钟。最后，华罗庚说了一句："谢谢大家。"他在暴风雨般的掌声中坐了下来，还没坐稳，突然"咕咚"一声，华罗庚从椅子上滑了下来。在场的中国和日本的教授及医生惊叫着去扶他，但他紧闭双眼，完全失去了知觉。

情况非常危急，当时在场的人赶紧分头给各急救站打电话，并且千方百计地找来了东京大学心脏病权威杉木教授。杉木来到现场后，立即组织抢救，并亲自给华罗庚做人工呼吸与心脏按摩。做了两次心脏按摩后，仪器上出现了脉搏跳动的波形图，华罗庚已经有了一点呼吸。医生们暂停人工呼吸及心脏按摩，进行观察。一会儿，仪器上显示出他的呼吸极其微弱。医生们又重新开始做人工呼吸。最后决定将华罗庚送到东京大学附属医院继续抢救。

晚上 8 点 27 分，东京大学附属医院的三井医生从抢救室里走出来，对守在病房外的所有人说："从 6 点 15 分起到现在已经两个多小时过去了，我们不停地使用人工呼吸与心脏起搏器，但仍无血液循环，心房也没有收缩力，是否停止一切措施，宣布逝世？"在场的人听后，非常难过，不停地恳求医生要继续想办法抢救华罗庚，询问能不能采取动手术或换心脏等措施。三井医生摇了摇头，遗憾地说："东京大学医院的急救部是东京抢救和治疗心脏病最有实力的单位，我们已经尽了最大的努力，已经没有任何可能性把华罗庚教授抢救回来，我们是按照日本惯例来征求家属的意见的。"当晚 10 点 9 分，东京大学附属医院宣布华罗庚的心脏完全停止了跳动。一颗蜚声国际数学界长达半个多世纪的巨星陨落了！

6 月 14 日上午，东京大学附属医院灵堂里，庄严肃穆，华罗庚的遗体安详地躺在洁白的菊花丛中。日本各界名流都专程来到灵堂吊唁，一些官员也送来了花篮，华罗庚的儿子、女儿也从中国赶到了日本，与父亲作了诀别。随后，华罗庚的遗体被送往东京的町屋火葬场火化。

6 月 15 下午三时，载有华罗庚骨灰的专机缓缓降落在北京机场。这一天的北京城都沉浸在悲伤中，连天气都是阴霾密布，细雨蒙蒙，虽然已经入夏，但凄凉之感甚于深秋。当华罗庚的儿子华俊东手捧着他父亲的骨灰盒缓缓地走下舷梯时，人们才从恍恍惚惚中醒了过来：华罗庚已经永远离开我们了！在一片哀哭声中，大家将华罗庚的骨灰护送到了北京西郊的八宝山革命公墓，几天后，党和国家在这里举行了隆重的追悼会。

对于华罗庚的逝世，举国震惊，全国人民悲痛万分！上至国家领导人，下至普通人，都为失去这样一位为人民事业鞠躬尽瘁的优秀科学家而感到难过和惋惜。正在欧洲访问的国务院总理万里迢迢地从慕尼黑打电报说："惊悉华老逝世，不胜悲痛，敬致悼意，并向华老家属表示慰问。"时任中央军委副主席聂荣臻也专门写信哀悼华罗庚，他写道：

华罗庚同志治丧办公室：

惊闻我国著名数学家华罗庚同志不幸逝世的消息，我非常悲痛！回想去年国庆前夕，罗庚同志偕同科协诸同志来看我时，他的精神振烁，言谈稳重，学者风度犹历历在目。而今骤然谢世，怎不令人惆怅惋惜。罗庚同志是国际上杰出的数学家，一生精勤不倦，奋斗不息，即使在受到严重挫折、屈辱时，他为学术、为祖国的赤诚之心丝毫未减。他在数学上造诣之深世所公认。他治学严谨，强调学以致用，堪为学术界的楷模。他使数学密切结合国民经济的发展，为我国四化建设做出重大贡献。他的不幸逝世是国家和学术界的一大损失！

请转达我的哀悼之意和向华罗庚同志家属表示慰问之心，并望节哀！

顺致

敬礼！

聂荣臻

六月十六日

华罗庚的杰出贡献

作为一名在国际上享有盛誉的数学大师，华罗庚所取得的成就是举世瞩目的。哈贝斯坦说他是这个时代的国际领袖数学家之一，数学家劳埃尔·熊飞尔说："他的研究范围之广，堪称世界上名列前茅的数学家之一。受到他直接影响的人也许比受历史上任何数学家直接影响的人都多……华罗庚的存在堪比任何一位大数学家卓越的价值。"

更令人感动的是华罗庚深深的爱国情！他两次放弃国外优厚的物质待遇，毅然回到祖国，为我国的数学科学发展做出了伟大的贡献。国外数学界人士在评论他时说："华罗庚形成了中国的数学。他开创中国数学学派，并带领他们的研究达到世界一流水平。他培养出了众多的杰出数学人才，他因此被誉为'中国数学之神''中国现代数学之父''人民数学家'。"华罗庚说："为了抉择真理，我们应当回去；为了国家民族，我们应当回去；为了为人民服务，我们应当回去；就是为了个人出路，也应当早日回去，建立我们工作的基础，投身我国数学科学研究事业。为我们伟大祖国的建设和发展而奋斗。”

回国后，为响应党的号召，也为了使数学为新中国建设服务，华罗庚努力探索纯粹数学如何应用到实际中来，如何为人民服务。华罗庚体会到：“理论和实践本来是认识论的一个命题，只有具备了坚实的理论基础，才能迎刃而解实际中的难题，而实际问题的解决，又能使理论得到进一步丰富和提高。”这时，他找到了两种能够与中国实际相结合的数学普及方法——统筹法和优选法。“文革”中，他身处逆境，虽无力拨乱反正，仍一如既往地进行应用数学的研究，足迹遍布全国23个省、市、自治区，用数学解决了大量生产中的实际问题，不愧为“人民的数学家”。

美国作家贝特曼说：“华罗庚的经历是近代数学史中最令人感兴趣的事情之一。他以他自己的研究方向在美国与中国产生了巨大的影响，而且他一直是中华人民共和国一流的科学巨人之一，他像爱因斯坦在美国一样，最后成为本国传奇式的科学家。人们可能会设想，如果华罗庚留在西方，他将可能完成更多的个人研究计划；然而，如果这样做，他就不可能如他最后30年所做的，在中国发展数学及其应用中起到中心作用。总之，华罗庚的学术成就达到很高的水平，他可以被选为任何学术社团的成员或任何科学院院士。”

1985 年 6 月 20 日纽约《美洲华侨日报》发表了社论《华罗庚是青年的楷模》，其中有这样一段话：“我们纵观华氏的一生，从一位清寒好学的失学青年，以其杰出的天分，好学不倦，攀登学术界的高峰，已是世所罕见，更难能可贵的是，每当国家兴亡的重要关头，华氏都赴义恐后，其‘利’‘义’之分，跟他的学术与人格结合在一起，更令人敬仰。及至最后应邀赴日讲学，明知近年体弱多病，但精诚所至，公而忘私，将其绝世经纶，毫无保留地传授世人。这也符合了他‘青山处处埋忠骨，何须马革裹尸还’的壮志。一代宗师行谊，真是万世典范。”

作为中国知识分子的典范，华罗庚留下了丰硕的科学成果和崇高的精神品德，这是我们永远值得珍惜的财富。